손님이 모이는 디테일

빅데이터가 알려주는 창업의 비밀

손님이
모이는
디테일

박지훈·주시태 지음

매일경제신문사

"데이터가 권력인 시대,
 살아남는 방법을 알려주는 책"

  2013년 7월 2일. 상권분석전문가과정 1기를 시작했다. 당시 상
권분석을 3개월에 걸쳐 가르치는 과정은 국내외 어디에도 존재하지
않았다. 많은 사람이 의아해했다. 심지어 외식경영학 교수가 왜 부
동산에서 가르치는 상권분석을 강의하는지 이해할 수 없다는 푸념
도 들렸다. 상권분석전문가과정을 만든 이유는 단순히 좋은 점포를
찾기 위해서가 아니었다. 내가 강의하고자 했던 분야는 소상공인을
위한 빅데이터 분석이었다. 4차 산업혁명을 대표하는 빅데이터 분
석 방법론은 대기업뿐 아니라 소상공인에게도 필수과목이 되었다.

  당시 많은 기업이 이를 예견하고 솔루션 개발에 박차를 가하고
있었다. NICE지니데이타와 인연을 맺기 시작한 시점도 이 즈음이
다. 자연스럽게 데이터, 분석 솔루션을 가진 기업과 분석방법론을
연구하는 내가 상부상조하는 일이 많아지게 됐다. 대표적으로 지
방자치단체의 지역 상권 활성화 프로젝트, 대기업의 주상복합 자

산 가치 극대화를 위한 MD개발 프로젝트, 소상공인 상권정보시스템의 컨설팅 프로그램 개발 프로젝트 등을 진행했다. 그 과정에서 빅데이터 분석 솔루션의 활용도가 갈수록 높아지는 것을 목격했다. 그리고 오늘날, 빅데이터 활용은 필수 과업 중 하나가 되었다.

추천사를 쓰기 전 《손님이 모이는 디테일》의 한 챕터, 한 챕터를 마주하니 감회가 새롭다. 빅데이터 분석을 활용한 상권분석에서 독보적인 결과물이 탄생했다는 사실을 실감하게 되었다. 골목상권 소상공인부터 대기업 최고경영자까지 빅데이터 분석 활용도와 중요성을 느낄 수 있도록 세심하게 연구·분석한 흔적이 보인다. 현재 사업의 어려움을 겪고 있는 사람은 물론이고 미래 경영전략을 수립하려는 이들에게도 금과옥조와 같은 역할을 하리라 확신한다.

NICE지니데이타 주시태 팀장과 인연을 맺은 지 벌써 6년이 흘렀다. 그동안 나는 많은 상권분석 연구를 통해 논문, 책을 썼으며 상권분석전문가과정은 22기에 이르렀다. 헌데, 주시태 팀장은 국내 빅데이터 분석 솔루션 개발과 콘텐츠 생산 분야에서 더 괄목할만한 일들을 해내고 있음을 깨달았다.

저자들이 《손님이 모이는 디테일》을 시작으로 더 많은 연구와 분석을 통해 국내 골목상권 소상공인은 물론이고 글로벌 시장에서 경쟁력을 확보해야 하는 기업에게까지 유용한 정보를 제공하는 기회가 늘어나리라 믿는다.

한양사이버대학교 호텔외식경영학과 교수
김영갑

최근 자영업 시장은 점점 '불공평한' 전쟁터로 변하고 있다. 영세
자영업자는 매일 낡은 총칼로 무장한 채 전장에 나선다. 전투 결과
가 좋을 리 만무하다. 최첨단 무기를 장착한 대기업과 프랜차이즈
는 알토란 입지에 승리의 깃발을 꽂는다. 영세 자영업자에게 없는
대기업의 무기는 풍성한 정보와 데이터다. 이러한 정보 비대칭성은
갈수록 커지고 있다. 최첨단 빅데이터를 장착한 기업이 더 늘어나
고 있기 때문이다.

통계에 따르면 최근 자영업 시장은 한 해 10곳이 새롭게 문을 열
고, 7곳이 넘게 문을 닫는다고 한다. 이로 인해 생사를 가르는 결정
적인 '디테일'로 빅데이터가 부상하고 있다. 대형 프랜차이즈는 빅
데이터를 활용해 입지 선정은 기본이고 매출 확대를 위한 마케팅,
탈출 전략까지 수립한다. 모바일을 활용하여 수시로 소비자 설문조
사를 진행하고, 결과를 제품개발에 활용한다. 사용자앱에 남은 최

근 구매 이력, 매장 정보, 주문 시간대, 날씨 등 빅데이터 활용으로 개인 맞춤형 추천 서비스를 제공하기도 한다. 최근 많은 업체가 도입하고 있는 키오스크KIOSK는 데이터를 수집하는 새로운 첨병 역할을 하고 있다.

반면 대다수 영세 자영업자의 무기는 튼튼한 다리와 성실함이 전부다. 입지 선정을 위해 발품 팔아가며 부동산을 돌고, 점포 인근 카페에 앉아 요일별 유동인구를 적어나간다. 물론 나름대로 중요하고 의미 있는 과정이지만 이렇게 수집한 데이터는 정확성을 담보하기 힘들다.

요즘은 치열하게 정보를 모으고 준비해도 성공적 창업이 녹록치 않다. 예측하지 못한 변수로 한순간에 사업 성패가 좌우되기도 한다. 문제는 정보가 없다는 것이 아니다. 예비창업자의 경우 어떤 정보를 조사해야 하는지조차 모른다는 것이 문제다. 만약 정보를 모아도, 정작 창업에 활용할라치면 막막하기만 한 것이 사실이다. 그렇다고 전문가라 불리는 누군가가 제시한 방안을 그대로 받아들이면 수없이 마주할 문제의 해결 능력을 기를 순 없다.

가장 먼저 공포심부터 버려야 한다. '빅데이터 기술'과 '빅데이터 분석'은 다른 영역이다. 빅데이터 기술이 컴퓨터공학자의 영역이라면, 빅데이터 분석은 누구나 활용할 수 있다. 저자들 역시 컴퓨터공학자가 아니다. 또한 빅데이터 분석이 무조건 방대한 정보를 다루는 것도 아니다. 내게 필요하고 의미 있는 내용을 간추려 실제 활용하는 것이 중요하다.

"평범한 사람들이 창업에 빅데이터를 활용할 수 있는 방법이 없을까?"

이 책은 이러한 고민 중에 기획됐다. 일반인이 창업 전후 반드시 알아야 할 주제를 다룬 매일경제신문의 〈LUXMEN〉'빅데이터로 보는 상권' 시리즈를 최신화해 엮어낸 결과물이다. 분석을 위해 명실 공히 국내 가장 넓은 소비데이터 스펙트럼을 보유한 'NICE지니데이타'의 쟁쟁한 연구원들이 노고를 아끼지 않았다.

이 책은 완전히 말도 안 되는 새로운 아이템이나 지역을 제시하지는 않았다. 창업 전 알아야 할 필수 사항들을 따라가며 주제별로 정리해 놓았을 뿐이다. 알맞은 자리, 메뉴·가격을 설정하고, 손님들이 부족하다고 느끼는 것을 채워가는 과정 속에서 시행착오를 줄일 수 있는 나침반이 될 수 있을 것이다.

이 책이 탄생할 수 있도록 지면을 허락해준 〈LUXMEN〉, 그리고 소상공인을 위해 기꺼이 밥그릇을 내어주신 NICE지니데이타 정선동 대표님, 김민수 실장님, 유승연 상무님과 찰떡같은 데이터로 분석 주제를 뒷받침해준 차가연, 한승혜, 이도영 연구원에게도 고마움을 전한다. 아울러 어떤 방향으로 상권분석 분야가 발전되어야 하는지 끊임없이 영감을 주시는 김영갑 교수님과 오랜 기간 책의 탄생을 위해 노력한 매경출판 오수영 대리님께도 진심으로 감사의 마음을 전한다.

CONTENTS

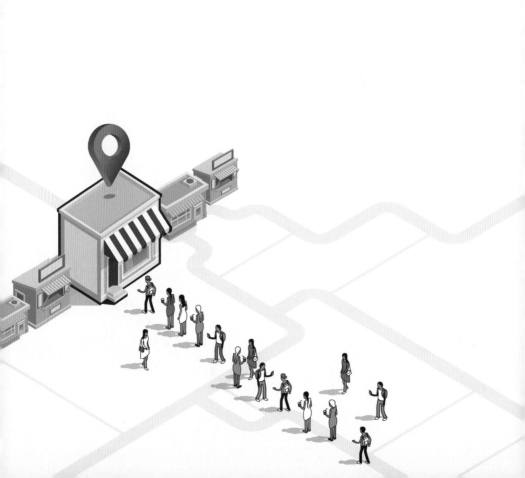

내 아이템
얼마에
팔아야 할까?

소주가 8,000원에
팔리는 지역은?

Point

- 음식점 밀집도가 높고 활성화된 지역일수록 소주 가격이 높게 형성됨
- 젊은 여성이 많은 대학가는 혼성주 판매율이 높고, 중장년 남성이 많은 직장가는 고도주 판매율이 높음
- 소주와 메뉴 가격은 지역 평균물가, 소비자 가격저항선 고려 후 책정해야 함
- 주변 경쟁점의 메뉴 가격을 꾸준하게 모니터링하는 작업이 필요함

이렇게 분석했습니다

- 기간: 2018년 월별 평균
- 대상: 주류취급 업소 4만 3,000개 소, 1,500만 건
- 출처: POS사(나이스지니데이타)

가격 비교대상	더블루, 맛있는참, 시원(C1)소주, 처음처럼, 좋은데이, 잎새주, 참이슬, 순하리, 참이슬자몽 및 일반 소주등록 상품
기타 분석대상	한라산, 화요, 과일소주, 복받은부라더, 부라더소다

소주 가격 3배수 법칙은 깨졌다

한국소비자원에서 발표하는 생필품 가격정보에 따르면 대형마트의 소주 1병 가격(360ml)은 1,190원이다(2018년 말 기준). '대형마트 소주 1병당 가격 변화'를 보면 10년간 해마다 20원이 채 오르지 않은 셈이다.

반면, 일반 서민들 입에서는 '식당에서 소주 1병 추가하기 무섭다'는 말이 나온다. 마트와 달리 고깃집, 횟집, 주점 등 일반음식점 소주 가격은 가파르게 상승하고 있기 때문이다. 2~3년 전만 해도 3,000원이었던 소주가 요즘은 4,000~5,000원, 심지어 6,000~8,000원에 판매되고 있다.

물론 마트와 일반음식점의 소주 가격을 단순히 비교하기는 어렵다. 일반음식점에서는 소주 원가 외에도 기본 상차림, 인건비, 월세, 점포 운영 경비, 각종 비품의 감가상각비까지 포함된다. 과거 (품목별로 차이가 있지만) 음식점 메뉴는 마트 가격의 3배 정도인 경우가 많

대형마트 소주 1병당 가격 변화　　　　단위: 원

1,400
1,300
1,200
1,100
900
800
0

1,000　989　1,001　1,013　1,061　1,068　1,113　1,130　1,190　1,190

2009　2010　2011　2012　2013　2014　2015　2016　2017　2018

대형마트 소주 가격 변화추이		
기준 시점	가격(원)	전년대비 인상률(%)
2009. 12. 25.	1,000	-
2010. 12. 31.	989	-1.1
2011. 12. 30.	1,001	1.2
2012. 12. 28.	1,013	1.2
2013. 12. 27.	1,061	4.7
2014. 12. 19.	1,068	0.7
2015. 12. 25.	1,113	4.2
2016. 12. 30.	1,130	1.5
2017. 12. 30.	1,190	5.3
2018. 12. 30.	1,190	0.0

출처: 한국소비자원 '참이슬 가격'

왔다. 즉, 마트 소주 가격이 1,000원일 때, 음식점에서는 3,000원이었다. 이를 '3배수 법칙'이라 불렀다.

하지만 최근 들어 3배수 법칙이 깨지고 있다. 소비자 입장에서 '이윤을 많이 남기려고 점주가 너무 높게 책정한 게 아닌가?' 생각이 들 수도 있다. 그러나 주점, 음식점은 큰 이윤을 얻지 못하고 있다. 오히려 전보다 운영이 힘들어진 점포가 많다.

이유 있는 소주 가격

점주가 소주 가격을 올린 이유는 무엇일까? 인건비·월세·식자재

시·도별 일반음식점 평균 소주 이용가격

순위	시·도 기준	소주 평균가격(원)
1	서울특별시	4,063
2	제주특별자치도	4,054
3	광주광역시	4,027
4	세종특별자치시	3,989
5	대구광역시	3,969
6	울산광역시	3,964
7	전라남도	3,960
8	경기도	3,943
9	충청북도	3,913
10	경상남도	3,906
11	대전광역시	3,903
12	강원도	3,901
13	인천광역시	3,868
14	충청남도	3,860
15	경상북도	3,859
16	부산광역시	3,857
17	전라북도	3,779

전국 평균 : 3,930원

강원
3,901원

인천
3,868원

서울
4,063원

경기
3,943원

충북
3,913원

충남
3,860원

세종
3,989원

경북
3,859원

대전
3,903원

대구
3,969원

전북
3,779원

울산
3,964원

광주
4,027원

경남
3,906원

부산
3,857원

전남
3,960원

제주
4,054원

가격 증가 등이 원인이다. 상차림 준비 비용과 임차료도 상승하고 있다. 이런 상황에서 선택할 수 있는 매출 보전 방법은 메뉴 가격을 올리는 것이다. 하지만 주메뉴 가격을 올릴 경우 고객 인식이 악화될 수 있다. 따라서 보조메뉴인 주류 가격을 인상하는 것이다.

이에 더해 과일맛 혼성주와 도수 높은 고급 증류주 등 지역 소주의 등장이 가격 인상에 한몫했다. 일반 소주보다 비싼 혼성주, 지역소주 등이 주요 상권에서 유행하고 있기 때문이다. 이와 같은 일반 음식점 소주 가격과 유행을 알아보기 위해 지역별 가격과 소주 품목을 분석했다.

'시·도별 일반음식점 평균 소주 이용가격'(17쪽)을 보자. 소주 1병 평균가격은 3,930원이다. 대부분 일반음식점은 소주를 4,000원에 판매한다고 이해할 수 있다. 지역별 편차는 74원이었다. 17개 시·도에서 평균 가격이 높은 지역은 서울(4,063원)과 제주(4,054원)가 꼽혔다. 주류 소비량이 가장 많고 물가가 높은 서울이 가장 비쌌다. 국내 대표 관광지이자 단가 높은 지역 소주를 보유한 제주가 2위에 올랐다. 광주(4,027원), 세종(3,989원), 대구(3,969원), 울산(3,964원)도 대체로 소주 가격이 높은 지역이었다. 이 지역은 30~40대 남성 주류 소비 비중이 높고 일반 음식점에 비해 주점이 많아 소주 단가가 높은 것으로 추정된다. 반면, 전북(3,779원), 부산(3,857원), 경북(3,859원), 충남(3,860원), 인천(3,868원)은 상대적으로 소주 가격대가 낮은 지역이었다.

'시·군·구별 소주 가격 상위·하위 Top 5'를 보자. 서울시에서 소주 가격이 가장 높은 지역은 4,613원을 기록한 강남구였다. 서초구(4,301원), 용산구(4,272원)가 뒤를 이었다. 반대로 도봉구(3,745원), 강북

🍾 시·군·구별 소주 가격 상위·하위 Top 5

단위: 원

서울시 음식점 소주 가격 상위 1~5위

순위	지역	평균가격
1	강남구	4,613
2	서초구	4,301
3	용산구	4,272
4	중구	4,172
5	종로구	4,146

서울시 음식점 소주 가격 하위 1~5위

순위	지역	평균가격
1	도봉구	3,745
2	강북구	3,793
3	중랑구	3,848
4	은평구	3,851
5	성북구	3,886

서울 외 음식점 소주 가격 상위 1~5위

순위	지역	평균가격
1	광주 서구	4,165
2	강원 동해시	4,147
3	전남 목포시	4,138
4	경기 성남시	4,109
5	울산 남구	4,108

서울 외 음식점 소주 가격 하위 1~5위

순위	지역	평균가격
1	경북 봉화군	3,092
2	전북 장수군	3,192
3	경북 영양군	3,275
4	전북 김제시	3,308
5	충북 옥천군	3,422

구(3,793원), 중랑구(3,848원)는 저렴했다. 분석 결과 소주 1병 가격은 각 행정구역 주요 상권의 임차료, 음식점 밀집도 등과 긴밀하게 연관되어있다는 것을 알 수 있었다. 상권 활성화 지역일수록 소주 가격이 높은 경향을 보였다.

서울 외에서는 광주광역시 서구(4,165원) 소주 가격이 가장 높았다. 그다음 강원도 동해시(4,147원), 전라남도 목포시(4,138원) 순이었다. 반대로 경상북도 봉화군(3,092원), 전북 장수군(3,192원), 경북 영양군(3,275원) 등은 소주 가격이 평균 3,000원에 가까웠다. 서울 지역이 평균 4,000원대로 가격을 올린 것과 비교할 때, 지방 소도시는 아직 3,000원대를 유지하고 있는 것으로 볼 수 있다.

과일소주 잘 팔리는 지역은?

혼성주(과일소주) 판매 비중이 높은 지역은 서울 서대문구(3.9%), 광주 동구(2.7%), 서울 마포구(2.3%), 서울 광진구(2%) 순이었다. 서울에서의 상위 지역은 신촌, 홍익대, 건국대, 성신여대, 고려대 등 주로 대학가 상권을 포함한 곳이었다. 그중에서도 특히 20~30대 젊은 여성이 많은 지역과 거의 일치했다. 따라서 이런 지역은 주류 신상품 테스트베드로 활용되는 경우가 많다. 이것이 강남보다 신촌에서

혼성주 판매 비중 상위 지역 단위: %

순위	지역	소주 판매량 중 혼성주 비중
1	서울 서대문구	3.9
2	광주 동구	2.7
3	서울 마포구	2.3
4	서울 광진구	2.0
5	인천 부평구	1.9
6	서울 성북구	1.8
7	대구 중구	1.8
8	서울 동대문구	1.7
9	광주 북구	1.6
10	전북 전주시	1.5

주류 마케팅 활동이 빈번한 이유다.

쓰디 쓴 소주가 잘 팔리는 지역은?

고도주(도수 높은 소주) 주소비자는 40~50대 중장년 남성이다. 소비가 많은 지역은 제주 서귀포시(4.2%), 제주시(2.7%), 서울 강남구(2.2%), 마포구(1.8%), 용산구(1.7%) 등이었다. 제주지역은 일반 소주에 비해 가격·도수가 높은 지역 소주 판매 비중이 높다. 따라서 서귀포시, 제주시가 상위권에 올랐다. 이어서 서울시 강남, 마포, 용산, 종로, 성동구와 경기도 성남시 등이 순위에 올랐다. 이 지역은 직장가이면서 주점이 많고, 물가도 높음을 확인할 수 있다.

고도주 판매 비중 상위 지역

단위: %

순위	지역	소주 판매량 중 고도주 비중
1	제주 서귀포시	4.2
2	제주 제주시	2.7
3	서울 강남구	2.2
4	서울 마포구	1.8
5	서울 용산구	1.7
6	전남 무안군	1.5
7	경기 양평군	1.4
8	서울 종로구	1.3
9	서울 성동구	1.0
10	경기 성남시	0.7

서울에서 가장 점심값이
비싼 동네는?

Point

- 서울시 점심 메뉴 선호도
: 한식(47%) → 분식·면(34%) → 중식(8.3%) → 양식(4.6%) → 일식(4.3%) → 패스트
푸드(1.5%)

- 평균 점심단가
: 주요 직장가 7,500원, 대학가 6,300원, 주거지 5,800원

- 메뉴별로 선호도 높은 지역이 추출되며, 이를 통해 지역 선호가 높은 메뉴를 기
준으로 창업 후보지 결정하는 것이 유리

이렇게 분석했습니다

- 출처: 나이스지니데이타

- 기간: 2018년 1~12월

- 대상: 서울시 외식업소 3만 2,000개 표본조사 자료(전체 3,000개 메뉴 중 486개 점심
메뉴 선정해 22개 카테고리와 6개 업종으로 분류)

'한국인의 밥상' 한식이 점령

'오늘 점심은 뭐 먹을까?' 직장인 최대 고민 중 하나다. 고민 끝에 선택한 메뉴와 결제 정보는 매일 쌓이며, 상권에 지역 특성을 반영한 빅데이터로 거듭난다. 전국 주요 상권의 표본데이터를 통해 지역별 점심 평균 결제가격, 선호 메뉴·업종 등을 살펴봤다.

한국인이 가장 선호하는 메뉴는 한식이었다. '업종별 점심 메뉴 선호도'를 살펴보면 한식이 약 47%로 1위를 차지했다. 분식·면 (34.27%) 등 간단한 메뉴가 뒤를 이었다. 한식과 분식·면 두 업종이 약 80%로 쏠림 현상을 나타냈다. 중식(8.28%), 양식(4.55%), 일식(4.25%)이 뒤를 이었고, 패스트푸드(1.53%)는 상대적으로 선호도가 낮았다.

'점심 메뉴별 순위'(24쪽)에서도 탕·국밥류(27.61%)가 압도적으로

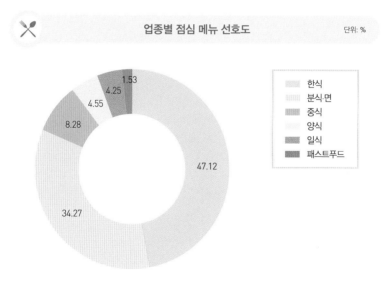

업종별 점심 메뉴 선호도
단위: %

- 한식
- 분식·면
- 중식
- 양식
- 일식
- 패스트푸드

1.53
4.25
4.55
8.28
34.27
47.12

	점심 메뉴별 순위	단위: %
1	탕·국밥류	27.61
2	김밥·주먹밥	9.65
3	찌개류	8.83
4	일반 백반류	6.04
5	덮밥·볶음밥·비빔밥	4.63
6	국수·메밀·소바	4.47
7	칼국수·수제비·만둣국	4.3
8	냉면	4.29
9	중국식 짬뽕	4.29
10	함박·돈가스류	3.95
11	떡볶이류	3.8
12	중국식 자장	3.53
13	초밥·회덮밥	3.14
14	만두	2.91
15	우동	2.22
16	라면	2.12
17	버거·샌드위치·토스트	1.53
18	일본식 덮밥·면요리	1.1
19	파스타류	0.6
20	쌀국수	0.51
21	중국식 볶음밥·덮밥	0.41
22	기타 중국식 식사류	0.05

	점심 메뉴 평균 가격	단위: 원
1	파스타류	1만 1,009
2	일반 백반류	8,505
3	중국식 볶음밥·덮밥	7,943
4	일본식 덮밥·면요리	7,910
5	초밥·회덮밥	7,885
6	쌀국수	7,836
7	탕·국밥류	7,814
8	기타 중국식 식사류	7,462
9	중국식 짬뽕	7,397
10	함박·돈가스	7,284
11	찌개류	6,732
12	덮밥·볶음밥·비빔밥	6,582
13	우동	6,399
14	칼국수·수제비·만둣국	6,394
15	국수·메밀·소바	5,558
16	중국식 자장	5,390
17	냉면	5,366
18	만두	4,272
19	떡볶이류	4,089
20	버거·샌드위치·토스트	4,045
21	라면	3,406
22	김밥·주먹밥	2,499

높다. 3위는 찌개류(8.83%)다. 따뜻한 국물을 즐기는 한국인의 기호가 보인다. 비교적 간편하게 즐길 수 있는 설렁탕 등 국밥류는 다양한 상권에서 선호 메뉴 1위를 기록했다. 짧은 시간에 간단히 즐길 수 있는 김밥·주먹밥(9.65%)이 2위를 기록했고, 일반 백반류(6.04%), 덮밥·비빔밥·볶음밥(4.63%)이 각각 4, 5위다. 이처럼 순위권에 한식 메뉴가 다수 포함됐다. 이외 국수·메밀·소바(6위, 4.47%), 칼국수·수제비·만둣국(7위, 4.3%), 냉면(8위, 4.29%) 등 면류가 상위권에 포함됐다.

'점심 메뉴 평균 가격'에서 나타났듯 가장 비싼 점심 메뉴는 파스타였다. 평균 가격이 1만 원을 넘는다. 이외 일반 백반(8,505원), 중국식 볶음밥·덮밥(7,943원), 일본식 덮밥·면요리(7,910원) 순으로 나타났다. 반면 가장 저렴한 음식은 김밥·주먹밥(2,499원)이었고, 라면(3,406원), 버거·샌드위치·토스트(4,045원), 떡볶이(4,089원) 등이 비교적 가격대가 낮았다. 대체적으로 식사시간이 긴 음식일수록 가격대가 높았다. 업종별로는 양식, 일식, 한식, 중식, 패스트푸드, 분식 순으로 가격이 높은 것을 알 수 있다.

상권 따라 점심값 2배 가까이 차이난다?

1,135개 주요 상권 내 직장인·대학생·주거인구 수가 많은 순으로 20위를 산출해 분석한 결과, 직장가 평균 점심값은 7,491원, 대학가는 6,273원, 거주지는 5,790원이었다. 주요 직장가 평균 점심값이 비교적 높은 것으로 나타났다. 직장가는 한식, 중식 이용 빈도가 높았고, 대학가는 분식·면, 양식, 일식 이용 빈도가 높았다.

평균 결제가격을 살펴본 결과, 서울시 주요 직장가 중 점심값이

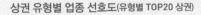
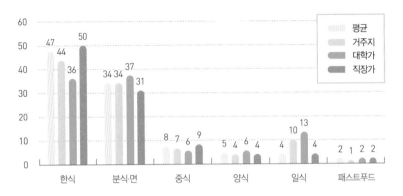

※ 직장가는 한식과 중식의 이용빈도가 높은 것으로 분석됨
※ 대학가는 분식·양식·일식이용빈도가 높은 것으로 분석됨

가장 높은 곳은 신논현(9,126원), 가장 낮은 곳은 가산디지털단지(5,964원) 주변이었다. 두 상권의 평균 점심값은 1.5배 가까이 차이 난다. 그밖에 상위권을 차지한 상권은 종각(8,911원), 광화문(8,714원), 학동(8,603원)이었다. 서울시 주요 대학가 중 점심값이 가장 높은 곳은 홍익대(8,043원), 가장 낮은 곳은 세종대(4,549원) 주변이었다. 평균 점심값은 2배 가까이 차이 났다. 서울시 주요 거주지 중 점심값이 가장 높은 곳은 가좌(7,279원), 가장 낮은 곳은 우장산(4,592원)이었다. 대체적으로 식사류(양식+일식+중식+한식) 비중이 높을 경우 단가가 높고, 간식류(분식+패스트푸드) 비중이 높은 경우 단가가 낮았다.

한편 직장가 선호 메뉴는 탕·국밥, 찌개, 김밥·주먹밥, 칼국수·수제비·만둣국 순으로, 거주지나 대학가에 비해 한식 선호도가 높았다. 대학가는 탕·국밥, 김밥·주먹밥, 찌개, 초밥·회덮밥 순으로 선호

서울시 평균 점심값

순위	주요 직장가	평균 점심값	순위	주요 대학가	포함 대학	평균 점심값	순위	주요 거주지	평균 점심값
1	신논현	9,126	1	상수	홍익대	8,043	1	가좌	7,279
2	종각	8,911	2	상도	중앙대	7,359	2	신대방	7,188
3	광화문	8,714	3	낙성대	서울대	6,999	3	염창	7,093
4	학동	8,603	4	한성대입구	가톨릭대, 국민대	6,951	4	쌍문	6,985
5	역삼	8,486	5	외대앞	한국외대	6,922	5	신천	6,901
6	여의도	8,338	6	고려대	고려대	6,460	6	석촌	6,901
7	선릉	7,723	7	숭실대입구	숭실대	6,418	7	개봉	6,887
8	서대문	7,658	8	건대입구	건국대	6,299	8	응암	6,748
9	을지로입구	7,512	9	신촌	연세대, 이화여대	6,097	9	중계	6,534
10	명동	7,311	10	회기	서울시립대, 삼육보건대	6,010	10	까치산	6,464
11	을지로3가	7,207	11	혜화	성균관대, 서울대 의·치대	6,004	11	서울대입구	6,250
12	시청	7,194	12	숙대입구	숙명여대	5,841	12	신정네거리	6,189
13	동대문	6,795	13	미아	서울사이버대, 성신여대	5,834	13	화곡	6,187
14	논현	6,681	14	광운대	광운대	5,775	14	미아사거리	6,131
15	종로5가	6,614	15	동대입구	동국대	5,545	15	독산	5,845
16	삼성	6,590	16	월곡	경희대, 동덕여대	5,480	16	등촌	5,668
17	강남	6,587	17	서강대	서강대	5,409	17	신림	5,322
18	동대문역사문화공원	6,318	18	한양대	한양대	5,313	18	오류동	5,125
19	회현	6,240	19	온수	성공회대, 유한대	4,965	19	길음	4,820
20	가산디지털단지	5,964	20	어린이대공원	세종대	4,549	20	우장산	4,592
	평균	7,491		평균		6,273		평균	5,790

순위	분식·면	한식	중식	양식	일식	패스트푸드
1	고속터미널	역삼	가산 디지털단지	혜화	서울대입구	홍대입구
2	강남	강남	선릉	신대방 삼거리	혜화	남부터미널
3	신촌	홍대입구	둔촌동	수유	홍대입구	노량진
4	수유	선릉	고속터미널	홍대입구	신촌	서울역
5	합정	상일동	홍대입구	명동	상수	회기

메뉴별 선호도 높은 상권 Top 5

도가 높았으나, 거주지나 직장가에 비해 비중이 적고 메뉴 선호도
가 복합적으로 나타났다. 거주지는 탕·국밥, 김밥·주먹밥, 초밥·회덮
밥, 찌개 순이었다.

메뉴별로 분석해본 결과 분식·면은 고속터미널에서 선호도가 가
장 높았다('메뉴별 선호도 높은 상권 Top 5' 표). 여기서 분식·면은 유동인구
가 많은 상권에서 잘 팔린다는 것을 확인할 수 있다. 한식은 역삼에
서 선호도가 가장 높았다. 전반적으로 직장인이 많은 상권에서 한
식 선호도가 상위권이었다. 중식은 가산디지털단지에서 선호도가
높았다. 양식은 혜화 등 젊은 층 위주의 데이트 코스로 알려진 지역
들이 순위권에 올랐다. 일식은 서울대입구 등 대학가 주변 이용 빈
도가 높았다. 패스트푸드는 홍대 상권에서 가장 선호도가 높았으
며, 초·중·고 학생 수요가 높은 지역과 교통중심지에서 상위권에 올
랐다.

다음은 외식 메뉴별로 선호도 높은 상권을 정리해놓은 표다.

분식 선호도 높은 상권

순위	국수· 메밀·소바	김밥· 주먹밥	냉면	떡볶이	라면	만두	쌀국수	우동	칼국수· 수제비·만둣국
1	공릉	고속터미널	도봉산	방배	강남	강남	종각	신논현	고속터미널
2	수유	잠실	아차산	반포	구로 디지털단지	홍대입구	응암	길음	강남
3	길음	합정	신촌	신도림	가산 디지털단지	고속터미널	노량진	상수	도봉산
4	구로 디지털단지	신촌	대림	신촌	양재	종각	흑석 (중앙대입구)	수유	안국
5	신림	사당	수유	압구정	고속터미널	신촌	강남	신림	가산 디지털단지
6	망원	도림천	태릉입구	혜화	홍대입구	디지털 미디어시티	국회의사당	강남	홍대입구
7	신촌	신림	증미	삼성	을지로입구	회현	매봉	서울역	신촌
8	홍대입구	수유	구로 디지털단지	상수	건대입구	영등포구청	목동	고려대	학동
9	고속터미널	구로 디지털단지	선릉	양천구청	디지털 미디어시티	신천	월곡	건대입구	을지로입구
10	강남	길음	신풍	강남	영등포구청	충무로	봉천	혜화	회현

한식 선호도 높은 상권

순위	탕·국밥	일반 백반	찌개	덮밥·볶음밥·비빔밥
1	상일동	한성대입구	역삼	강남
2	선릉	홍대입구	홍대입구	신풍
3	학동	역삼	선릉	양재
4	봉천	둔촌동	국회의사당	고속터미널
5	강남	제기동	상수	가산디지털단지
6	을지로입구	서울역	종각	안국
7	가산디지털단지	강남	구로디지털단지	신도림
8	구로디지털단지	용마산	가산디지털단지	학동
9	역삼	서초	건대입구	구로디지털단지
10	홍대입구	월계	서울대입구	잠실

중식 선호도 높은 상권

순위	기타 중국식 식사	볶음밥·덮밥	짜장	짬뽕
1	가산디지털단지	선릉	둔촌동	가산디지털단지
2	선릉	가산디지털단지	가산디지털단지	선릉
3	서울역	망원	선릉	회현
4	신사	강남	망우	홍대입구
5	뚝섬	성수	고속터미널	고속터미널
6	강남	고속터미널	수유	가양
7	광흥창	망우	구로디지털단지	가좌
8	광화문	홍대입구	숭실대입구	장한평
9	을지로입구	구로디지털단지	이수	을지로입구
10	디지털미디어시티	서울역	강남	사당

순위	파스타	함박·돈가스	순위	일본식 덮밥·면 요리	초밥·회덮밥	순위	버거·샌드위치·토스트
1	신논현	혜화	1	상수	서울대입구	1	홍대입구
2	강남	신대방삼거리	2	신논현	혜화	2	남부터미널
3	상수	수유	3	혜화	수락산	3	노량진
4	홍대입구	명동	4	왕십리	신촌	4	서울역
5	동대문	종로3가	5	홍대입구	한티	5	회기
6	안국	홍대입구	6	종각	창동	6	증산
7	합정	광화문	7	신촌	홍대입구	7	도봉산
8	혜화	상계	8	서울대입구	한양대	8	방학
9	남부터미널	미아사거리	9	건대입구	사당	9	명동
10	성신여대	개봉	10	디지털미디어시티	영등포	10	가산디지털단지

점심값 두 배 넘는 커피도
잘 팔리는 럭셔리 상권은?

Point

- 가성비를 중시하던 소비행태가 가심비를 중시하는 소비행태로 변화함

- 브랜드도 가심비 선호 소비자를 중심으로 고객 맞춤형 마케팅 전략을 사용함

- 각 지역 브랜드 비중을 분석하면 소비자의 선호 가치가 어느 방향인지 예측 가능
  하며 점포운영 전략에 활용할 수 있음

이렇게 분석했습니다

- 기간: 2018년 1~12월

- 대상: 전국 커피전문점, 제과점, 패스트푸드 업종 1회 결제금액·브랜드 콘셉트
  분석

- 출처: 나이스지니데이타

가성비 → 가심비, 놓치지 말아야 할 변화

요즘 밥값보다 비싼 커피를 심심치 않게 볼 수 있다. 한 설문조사 결과, 직장인이 12시 30분~1시 사이에 가장 많이 하는 말은 "밥값만큼 커피값 나왔네(=밥보다 커피가 비싸네)."였다고 한다. 이런 생각이 드는 이유는 3가지로 요약할 수 있다.

첫 번째는 원가다. 전통적 가격책정은 재화·서비스 원가를 기준으로(재료비, 임차료, 인건비, 경비 등 포함한 원가) 인정 가능한 수준의 이윤을 붙이는 것이라 인식됐다. 예를 들어, 김치찌개가 6,000원인 이유는 다음과 같다. 김치, 돼지고기, 공기밥(쌀), 밑반찬 등 재료비 2,000원, 주방＋홀＋카운터 인건비 1,200원, 임차료 600원, 각종 경비 500원, 세금 200원, 감가상각비, 대출이자 300원, 이윤 1,200원 정도를 담아 책정되었기 때문이다. 그런데 커피는 주로 '커피콩 원가가 얼마라고 그렇게 비싸나?' 하며 소비자가 불만을 터뜨리는 경우가 많다(밀가루가 주재료인 음식점이 가격을 쉽게 못 올리는 이유도 원가에 대한 소비자 인식 때문이다).

두 번째로 '밥은 주식, 커피는 디저트'라는 사고방식 때문이다. 주식은 필수고, 디저트는 선택인데 '어떻게 필수적인 것이 더 저렴할 수 있나' 하는 생각이다. 즉, 커피보다 밥에 더 큰 가치를 둔다는 뜻이다. 요즘 식사는 걸러도 커피는 필수로 챙기는 직장인이 늘어났다 해도, 오랫동안 형성되어 온 가치 우선순위가 변하기는 쉽지 않다.

마지막으로 커피 가격상승이 단기간 내 급격히 이루어졌기 때문이다. 커피가 우리나라에서 일반화될 무렵, 밥값에 준하는 가격이 아니었다. 또한 자판기커피나 믹스커피가 먼저 일반화된 것도 가격 저항을 일으키는 요소다.

그렇다면 높은 가격에도 왜 커피에 열광할까? 가심비價心比 중심 시대가 되었기 때문이다. 이는 '가격대비 마음의 만족을 추구하는 소비형태(효용가치 중시)'라는 뜻으로 가격 합리성보다 심리적 만족도를 추구하는 경향이다. 과거에는 주로 가성비 중심 소비형태였다. 하지만 이제 가심비 중심으로 소비 패러다임이 변했다.

이로써 시장에도 많은 변화가 생기고 있다. 로드숍 시장에서는 '공간을 소비한다' 개념이 등장하고 있다. 온라인 주문 방식이 편리한 요즘, 가성비로 보면 소비는 온라인에서만 이루어져야 한다. 하지만 소비자가 로드숍을 선택하는 이유는 오프라인에서만 할 수 있는 '(심리적) 경험' 때문이다. 대형 유통사는 복합 쇼핑몰에 소비 공간과 함께 놀이공원, 영화관, 오락시설, 찜질방, 공연장, 운동시설 등도 설계하고 있다. 아이와 함께 머물 수 있는 시설이나 행사를 기획하고 애완동물 동반을 허용한다. 소비자가 편안함을 느끼는 조명, 음악, 인테리어(분위기), 동선까지 연구한다. 이는 모두 '공간 경험이 주는 심리적 만족도'에 집중한 마케팅 전략이다. 기업은 이런 전략으로 소비자의 가심비를 충족할 수 있다면, 제품 가격이 조금 높더라도 경쟁력을 가질 수 있다고 판단한다.

브랜드 역사를 보면 가심비가 보인다

가심비 중심 시대라고 해서, 모두가 다 그런 것은 아니다. 소비 방식은 각자 다르다. 심지어 한 명의 소비자도 지역, 업종, 품목, 기분, 월급날에 따라 소비 방식이 변한다. 평소 검소하지만 모임에서 통 크게 결제하는 사람도 있고, 생활비는 아끼고 취미생활에 투자하는 사람도 있다. 야채 살 때는 꼼꼼히 비교해서 저렴한 걸 고르지만, 가방은 명품을 구매하기도 한다. 이렇듯 가성비와 가심비를 복합적으로 고려하는 경우도 있기에 소비 목적과 방식을 정확히 읽어내기 쉽지 않다.

과거부터의 시장 변화를 보면, 소비 패러다임이 반복되는 모습을 발견할 수 있다. 특히 브랜드 마케팅 전략을 살펴보면 잘 알 수 있다. 제품 브랜드화는 기본적으로 가성비를 충족시키기 위함이다. 대형 유통구조를 구축하여 규모의 경제로 상품 단가를 낮추는 것이 브랜드화의 첫째 목표이기 때문이다. 보통 소비자가 브랜드를 선호하는 이유도 '가격이 저렴하기 때문'인 경우가 많다.

브랜드가 저렴한 가격을 전략으로 삼으면서 확장된 시기를 1기라고 볼 수 있다. 맥도날드, KFC, 롯데리아 등 패스트푸드 업종이 도입·확산되던 1990년대 초다. 당시 대부분 기업 마케팅 방향이 저렴한 가격에 집중되었다. 이 흐름은 검소함을 미덕으로 삼던 우리나라 문화와 잘 맞았다. 또 매장들이 새로운 맛, 밝고 가벼운 분위기를 제공했기 때문에 오랜 기간(약 20여 년) 시장 내 입지를 유지할 수 있었다.

이 흐름이 어느 순간 변화를 맞는다. 브랜드나 매장 콘셉트가 20년간 유지되다 보니 소비자는 획일성에서 벗어나기 원했다. 이에 브랜드는 기존 브랜드 유지와 동시에 프리미엄 라인을 출시하여 고급 서비스를 제공했다. 만족도를 높임으로써 새로운 시장 형성을 기대한 것이다. 곧 커피 브랜드가 확산되었으며, 가격보다는 심리적 만족이 중요하다는 말이 나오기 시작했다. 이때를 브랜드 2기라고 할 수 있다. 스타벅스, 투썸플레이스, 파스쿠찌, 엔제리너스, 할리스, 카페베네 등 고가커피 브랜드가 급속도로 증가되던 2000년대 중후반이다.

2014~2015년 전후로 브랜드는 또 변화를 맞는다. 3기라고 부를 수 있는 이 시기는 브랜드 춘추전국시대라 할 수 있다. 가성비 중시 고객 타깃의 브랜드와 가심비 중시 고객 타깃 브랜드가 명확히 구분됐다. 가성비 중시 브랜드는 비용을 최소화하여 가격을 낮추고 박리다매식 영업 전략으로 발전했다. 가심비 중시 브랜드는 비싼 만큼 분위기, 서비스, 소비자 경험에 집중한 영업 전략을 구사했다. 가격, 만족을 동시에 추구하기보다는 브랜드 성격을 1가지로 규정하여 집중한 것이다. 토스트, 밥버거, 핫도그 관련 브랜드와 빽다방, 쥬시가 등장한 시기다.

마지막으로 오늘날 브랜드 4기는 '빅데이터 적재와 활용'이라는 기술적 요인이 더해지고 있다. 이는 고객별 맞춤 서비스를 제공하는 전략으로 발전하고 있다. 이미 개인주문 서비스가 진행되고 있는 만큼 고객데이터가 더 쌓이게 되면, 맞춤형 서비스도 더욱 가속화될 것이라는 전망이 나오고 있다. 단순히 가성비·가심비를 쫓는 것 대신, 고객 맞춤형으로 각기 다른 가치를 제공하는 것이다.

소비단가를 확인하라

브랜드가 맞춤형 서비스를 준비하는 상황에서 중요한 것이 바로 정보다. 소비조건을 충족시키고 수요 예측을 위해서는 소비패턴 정보가 필수다. 또한 정보를 지역, 매장 특성과 연결하는 것이 중요하다. 이를 위해 업종·지역별 1회 결제금액과 브랜드 비중을 분석하여 각 지역별 소비특성을 파악하고자 한다.

먼저 지역·업종별 1회 평균 이용금액을 분석했다. 분석 업종은 물가와 브랜드 특성을 잘 나타내는 커피, 제과, 패스트푸드 업종을 대상으로 했다(2018년 상반기 기준).

'서울시 행정구역·업종별 1회 평균 이용금액 순위'(38쪽)를 보자. 서울시 커피전문점 평균 이용금액을 살펴보면 용산, 마포, 종로, 강남구 순으로 높게 나타났다. 반면, 동작, 금천, 구로, 관악구 순으로 이용금액이 낮았다. 전체적으로 1회 이용금액이 높은 지역은 용산, 강동, 강남, 마포, 종로구 순이었다. 업종이나 지역별 특성에 따라 차이가 났다.

예를 들어, 동작구는 커피, 제과점에서 가장 낮은 결제금액을 보이고 있지만, 샌드위치, 도넛은 상대적으로 높은 수준임을 확인할 수 있다. 지역별로 1회 결제 건당 비슷한 고객 수가 이용한다고 가정해보자. 동작구 커피, 제과점 이용 고객은 가성비를 중시하고, 샌드위치, 도넛 이용 고객은 만족도를 더 중시한다고 해석할 수 있다.

일반적으로 간이음식류 결제금액에 영향을 미치는 요소는 소득·소비 수준, 결제당 고객 수(=동일 결제 내 품목 수), 배후 상권의 특성(주거·직장·상업 등), 가격 저항력 등이다. 이렇듯 각 지역의 상대적인 비교로 여러 소비특성을 읽을 수 있다.

서울시 행정구역·업종별 1회 평균 이용금액 순위

단위: 원

지역	커피전문점 1회 평균 이용금액	순위	제과점 1회 평균 이용금액	순위	패스트푸드 1회 평균 이용금액	순위	샌드위치전문 1회 평균 이용금액	순위	토스트전문 1회 평균 이용금액	순위	도넛전문 1회 평균 이용금액	순위
용산구	8,945	1	1만 424	2	2만 2,256	1	1만 269	8	9,514	1	8,139	3
마포구	7,842	2	8,998	12	1만 2,732	5	1만 375	7	7,147	12	6,961	8
종로구	7,812	3	1만 514	1	1만 5,910	3	9,731	16	7,083	13	6,541	16
강남구	7,781	4	9,279	7	1만 4,700	4	1만 482	6	8,399	6	6,634	13
강북구	7,678	5	8,874	15	1만 961	11	9,456	21	8,475	5	6,854	9
강동구	7,511	6	9,044	10	1만 1,833	7	1만 662	3	8,258	8	7,903	5
광진구	7,440	7	8,522	20	9,162	18	9,495	19	5,991	24	8,116	4
서대문구	7,402	8	8,375	22	9,813	14	9,945	14	6,160	21	8,443	2
송파구	7,383	9	8,821	17	9,343	16	1만 2,312	1	6,116	22	6,798	11
서초구	7,348	10	8,863	16	1만 5,970	2	1만 535	5	6,629	18	5,725	23
노원구	7,186	11	8,909	13	1만 1,752	8	1만 23	13	7,837	10	6,659	12
도봉구	7,185	12	9,055	9	6,964	25	9,282	23	7,676	11	5,783	22
양천구	7,126	13	9,497	6	7,700	24	9,125	24	6,422	19	5,439	25
중구	7,073	14	9,691	4	9,784	15	9,822	15	9,135	3	6,841	10
성북구	7,019	15	9,191	8	1만 1,329	10	1만 221	9	9,502	2	6,460	18
동대문구	7,006	16	9,701	3	8,494	22	1만 192	10	6,933	15	6,590	15
은평구	6,995	17	8,536	19	1만 2,094	6	1만 126	11	8,310	7	7,725	6
중랑구	6,946	18	9,511	5	8,627	21	1만 43	12	6,895	16	6,505	17
영등포구	6,899	19	8,908	14	1만 1,730	9	9,313	22	7,998	9	6,042	20
성동구	6,886	20	8,335	24	1만 124	12	9,662	17	6,844	17	5,986	21
강서구	6,763	21	9,000	11	8,685	20	8,462	25	8,665	4	6,591	14
관악구	6,473	22	8,343	23	9,942	13	1만 1,128	2	6,394	20	5,630	24
구로구	6,303	23	8,486	21	9,253	17	9,630	18	6,941	14	7,618	7
금천구	6,065	24	8,800	18	8,071	23	9,459	20	5,858	25	6,191	19
동작구	5,695	25	8,281	25	8,959	19	1만 551	4	5,998	23	8,689	1

전국 행정구역·업종별 1회 평균 이용금액 상위지역

단위: 원

순위	커피전문점		제과점		패스트푸드	
	지역	이용금액	지역	이용금액	지역	이용금액
1	경상남도 남해군	1만 9,197	경상북도 청도군	1만 6,849	서울특별시 용산구	2만 2,256
2	전라남도 신안군	1만 6,571	충청북도 보은군	1만 6,025	제주특별자치도 서귀포시	2만 1,638
3	인천광역시 옹진군	1만 4,791	경상남도 남해군	1만 5,838	전라남도 영암군	2만 843
4	인천광역시 강화군	1만 4,403	경상북도 청송군	1만 5,392	전라남도 해남군	1만 8,683
5	경상북도 청도군	1만 4,290	전라북도 남원시	1만 5,328	강원도 홍천군	1만 8,172
6	전라남도 함평군	1만 3,566	전라남도 고흥군	1만 5,299	부산광역시 해운대구	1만 7,504
7	경상북도 울릉군	1만 3,564	경상남도 합천군	1만 5,172	제주특별자치도 제주시	1만 6,280
8	경상남도 하동군	1만 3,425	경상남도 고성군	1만 5,110	서울특별시 서초구	1만 5,970
9	충청남도 태안군	1만 3,418	전라북도 임실군	1만 5,064	서울특별시 종로구	1만 5,910
10	전라남도 구례군	1만 3,352	전라남도 장성군	1만 4,834	경상북도 영덕군	1만 5,804
11	전라남도 보성군	1만 3,153	전라남도 해남군	1만 4,700	강원도 정선군	1만 5,585
12	전라북도 장수군	1만 2,899	경상남도 거창군	1만 4,628	강원도 강릉시	1만 4,949
13	강원도 고성군	1만 2,898	경상북도 영주시	1만 4,522	서울특별시 강남구	1만 4,700
14	강원도 태백시	1만 2,846	전라북도 장수군	1만 4,443	충청남도 태안군	1만 4,645
15	전라남도 완도군	1만 2,802	충청남도 태안군	1만 4,442	전라남도 완도군	1만 4,581
16	제주특별자치도 서귀포시	1만 2,774	전라북도 무주군	1만 4,394	경기도 동두천시	1만 4,463
17	강원도 양양군	1만 2,454	경상남도 하동군	1만 4,366	강원도 화천군	1만 4,345
18	전라남도 장흥군	1만 2,384	전라남도 함평군	1만 4,322	경상북도 경주시	1만 4,213
19	경상남도 산청군	1만 2,367	전라남도 진도군	1만 4,316	충청남도 금산군	1만 3,958
20	전라북도 무주군	1만 2,238	전라남도 보성군	1만 4,251	전라남도 담양군	1만 3,927

지역별로 좋아하는 커피브랜드가 있다

 서울시 커피브랜드 가격구분별 브랜드 비중 순위 　단위: %

지역	고가 커피전문점		중가 커피전문점		저가 커피전문점	
	비중	순위	비중	순위	비중	순위
중구	14.5	1	2.0	23	8.6	17
강남구	12.9	2	1.8	25	6.9	24
서초구	12.9	3	2.2	22	7.3	21
송파구	12.4	4	3.0	7	7.7	20
영등포구	12.2	5	2.6	14	12.1	10
종로구	11.1	6	2.4	19	7.3	22
서대문구	10.9	7	2.8	12	7.9	19
광진구	9.6	8	3.1	6	8.5	18
용산구	9.5	9	2.4	17	5.5	25
강서구	9.0	10	3.6	3	14.2	5
양천구	8.4	11	2.6	15	10.4	13
관악구	8.1	12	3.0	8	9.8	14
강동구	8.0	13	2.3	20	9.5	15
노원구	7.8	14	3.5	4	13.4	8
구로구	7.7	15	3.4	5	14.7	1
마포구	7.7	16	2.3	21	7.0	23
동대문구	7.5	17	2.8	10	10.5	12
금천구	7.4	18	4.0	2	14.3	4
강북구	7.3	19	2.4	18	13.6	7
동작구	7.2	20	2.7	13	14.2	6
성동구	6.8	21	4.1	1	12.0	11
성북구	6.6	22	2.8	11	14.3	3
은평구	5.8	23	2.9	9	9.1	16
중랑구	5.4	24	2.6	16	13.4	9
도봉구	3.4	25	1.9	24	14.6	2

전국 커피브랜드 가격구분별 분포 상위지역

순위	고가 커피브랜드		중가 커피브랜드		저가 커피브랜드	
	지역	비중	지역	비중	지역	비중
1	부산광역시 해운대구	17.2	부산광역시 서구	7.3	부산광역시 사하구	16.7
2	서울특별시 중구	14.5	부산광역시 남구	7.0	서울특별시 구로구	14.7
3	광주광역시 서구	14.2	대구광역시 달성군	6.0	서울특별시 도봉구	14.6
4	인천광역시 중구	12.9	울산광역시 동구	5.6	서울특별시 성북구	14.3
5	서울특별시 강남구	12.9	부산광역시 사하구	5.6	서울특별시 금천구	14.3
6	서울특별시 서초구	12.9	울산광역시 중구	5.3	서울특별시 강서구	14.2
7	대구광역시 동구	12.5	경상남도 양산시	5.3	서울특별시 동작구	14.2
8	서울특별시 송파구	12.4	경기도 시흥시	5.3	부산광역시 강서구	13.8
9	전라남도 목포시	12.3	부산광역시 동래구	5.3	부산광역시 서구	13.8
10	울산광역시 북구	12.3	인천광역시 남동구	5.1	서울특별시 강북구	13.6

'서울시 커피브랜드 가격구분별 브랜드 비중 순위'를 보자. 커피 전문점은 고가·중가·저가 브랜드 비중을 지역별로 분류했다. 고가 커피는 직장 밀집 지역, 소득·소비 수준이 높은 지역에 주로 분포했다. 저가 커피는 상대적으로 소득·소비 수준이 낮지만 상권 활성도가 큰 지역 비중이 높았다. 중가 커피는 상권 활성도가 조금 떨어지더라도 주거 밀집 지역 비중이 높은 것을 확인할 수 있다.

서울뿐만 아니라 전국적으로도 브랜드화 특징은 비슷하다('전국 커피브랜드 가격구분별 분포 상위지역', '제과+패스트푸드 브랜드 비중 상위지역' 표). 가격구분에 따른 커피전문점 브랜드 비중 상위지역을 뽑아보면 서울

제과+패스트푸드 브랜드 비중 상위지역

단위: %

순위	제과점 브랜드		패스트푸드 브랜드	
	지역	비중	지역	비중
1	충청남도 당진시	56.30	부산광역시 동구	66.70
2	충청남도 홍성군	50.00	부산광역시 강서구	63.60
3	충청북도 음성군	48.70	충청남도 보령시	63.60
4	충청북도 진천군	48.30	경기도 광명시	61.30
5	충청남도 서산시	48.00	경기도 과천시	58.30
6	강원도 원주시	47.80	경기도 군포시	57.10
7	서울특별시 구로구	46.40	대구광역시 서구	55.60
8	서울특별시 금천구	46.00	강원도 속초시	54.50
9	경기도 안양시	45.60	부산광역시 동래구	51.50
10	경기도 군포시	45.40	충청북도 음성군	50.00

커피+제과+패스트푸드 브랜드 비중 구분

단위: %

순위	비중 높은 지역		비중 낮은 지역	
	지역	비중	지역	비중
1	부산광역시 해운대구	33.1	전라남도 신안군	2.4
2	부산광역시 강서구	32.4	경상북도 울릉군	2.8
3	울산광역시 북구	31.8	경상북도 청송군	3.6
4	서울특별시 노원구	31.6	경상북도 의성군	5.4
5	서울특별시 강서구	31.2	전라북도 진안군	6.1
6	서울특별시 영등포구	31.0	경상북도 영양군	6.3
7	서울특별시 구로구	30.9	경상남도 의령군	6.8
8	부산광역시 사하구	30.8	경상남도 남해군	7.6
9	인천광역시 연수구	30.6	경상북도 군위군	8.8
10	서울특별시 금천구	30.6	전라남도 화순군	9.8

행정구역과 유사한 구성의 지방 도시가 보인다. 제과점은 주로 주거 지역에 브랜드 비중이 높았다. 패스트푸드는 지역 중에서도 상업시설 밀집 지역과 비상업지역 구분이 명확한 곳에 브랜드가 집중한 것으로 나타났다.

마지막으로 분석대상 업종 전체 브랜드 비중을 살펴봤다('커피+제과+패스트푸드 브랜드 비중 구분' 표). 비중이 높은 지역은 부산 해운대·강서구와 서울 노원·강서·영등포·구로구 등이었다. 반대로 브랜드화가 덜 진행된 지역은 지방 도시, 관광지가 많은 것으로 나타났다.

창업,
어떤 아이템을
선택해야 할까?

창업도
성수기가 따로 있다

Point

- 업종별 성수기에 따라 유리한 창업시점 존재

- 여름(7~8월) 성수기인 주점, 치킨, 분식, 커피전문점 등은 3월 창업 유리

- 겨울(11~1월) 성수기인 수산물, 탕·국물 요리, 패스트푸드, 제과점, 병원 등은 9월 창업 유리

- 한식, 미용서비스, 화장품, 동물병원, 특화병원(치과, 피부과)은 연중 창업 시기 무방

이렇게 분석했습니다

- 기간: 2018년 1~12월

- 대상: 나이스비즈맵 상권분석서비스 이용횟수 상위 20개 업종

- 2018년 1~12월까지 추정한 상권분석 자료를 바탕으로 업종별로 점포당 월평균 매출이 높은 상위 1~3위 월별 순위 산출

창업 369 원칙을 지켜라

창업을 준비하는 사람이라면 반드시 지켜야 할 원칙이 있다. 바로 369 원칙이다. 369 원칙이란 '성수기 3개월 전 오픈할 것', '최소 6개월 이상 창업을 준비할 것', '초기와 9개월 후의 매출 변화를 가늠한 뒤 창업할 것'을 의미한다. 이를 더 자세히 알아보자.

먼저, 성수기 3개월 전에 오픈해야 한다. 고객이 점포 위치와 메뉴를 인지하고, 홍보 효과가 나타날 때까지 최소 3개월이 걸리기 때문이다. 고객 인지 기간이 너무 오래되면 새 점포의 깨끗하고 신선한 이미지가 사라질 수 있다. 따라서 적정 수준으로 3개월을 잡는 것이다. 그다음으로 최소 6개월 이상 준비해야 한다. 창업 자금 마련, 아이템과 입지 조사 기간이 6개월은 되어야 한다는 의미다. 계절이 바뀌어도 매출이 꾸준한지 살피라는 뜻도 있다. 마지막으로 9개월 뒤 매출을 처음과 비교하라는 것은 평균 매출을 예상함과 동시에 매출 변동성을 검토하라는 의미다. 이에 더하여 9개월 후에도 창업 아이템 유행이 지속될지 혹은 유행을 타지 않는 아이템일지 고려해야 한다.

성수기 3개월 전 창업을 위해서는 일단 업종 성수기가 언제인지 알아야 한다. 나이스비즈맵 상권분석서비스를 이용하여 창업 관심도가 높은 20개 업종의 성수기를 분석했다.

반드시 알아야 할 업종별 성수기

업종별 성수기에서 가장 유의할 점은 '12월의 특징'을 파악하는 것이다. 특히 음식업은 여름철 성수기라도 월별 매출을 분석해보면

업종별 월별 매출 상위 Top 3

음식업

순위	1	2	3	순위	1	2	3
주점	12월	7월	8월	일식·수산물	12월	10월	1월
고기요리	12월	5월	8월	제과·제빵	12월	5월	3월
닭·오리요리	7월	8월	5월	중식	12월	8월	7월
별식·퓨전요리	12월	1월	10월	커피·음료	5월	8월	7월
분식	8월	5월	7월	패스트푸드	12월	11월	5월
양식	12월	5월	8월	한식	12월	8월	5월

서비스업 / 소매업

순위	1	2	3	순위	1	2	3
미용서비스	7월	5월	8월	의복·의류	5월	11월	12월
수의업	8월	7월	10월	의약·의료품	12월	6월	10월
일반병원	10월	12월	1월	종합소매점	8월	9월	7월
특화병원	1월	12월	8월	화장품소매	5월	12월	4월

연말 특수 때문에 12월이 1위인 경우가 많다. 따라서 12월이 1위로 표시된 업종은 다음의 4가지로 성수기를 판단해야 한다.

첫 번째는 12월 반짝 매출이 높지만 여름철을 성수기로 봐야 하는 경우다. 대표적으로 주점, 양식, 중식 등이다. 매출 1위가 12월이지만 2, 3위는 여름철이다. 11월과 1~2월 매출은 낮다. 따라서 전반적으로 매출이 높은 여름철을 성수기로 보는 것이 적합하다.

두 번째는 12월 매출이 1위임과 동시에 실제로 겨울 장사가 잘 되는 경우다. 별식·퓨전요리(샤브샤브, 쌀국수 전문점, 순대 전문점 등)나 일식·수산물(신선함이 중요), 패스트푸드 업종이다. 또한 감기 등 질병 때문에 일반병원(내과, 이비인후과)과 의약·의료품(약국) 매출이 높다. 여름옷에 비해 겨울옷 단가가 높으므로 의복·의류 업종도 겨울 매출이 높다.

세 번째는 업종 특성상 성수기·비수기 구분이 크게 없거나 여름·겨울 모두가 성수기인 경우다. 연중 매출이 고른 대표 업종은 미용서비스, 화장품이다. 계절에 따라 상품이나 서비스가 바뀌므로 크게 성수기·비수기 구분이 없다. 특화병원(성형외과, 치과, 피부과)은 여름·겨울방학에 치료, 수술 일정이 많다. 따라서 여름, 겨울 모두 매출이 높아 딱히 비수기를 찾기 어렵다.

마지막으로 다른 달 매출이 12월과 비견할 정도지만, 매출 집중도나 효과를 생각했을 때 12월을 성수기로 봐야 하는 경우다. 대표적으로 제과점이 있다. 제과점은 3, 5월 매출이 높으며, 1~11월 모두 비교적 고른 업종에 속한다. 하지만 매출 집중도나 마케팅 효과가 12월에 크기 때문에 이때 총력을 기울여야 한다.

이 4가지에 따라 업종별 성수기와 창업 유망 시기를 정리하면 '업종별 창업 유망 시기'(50쪽)와 같다.

업종별 창업 유망 시기

성수기	창업 유망 시기 (성수기-3개월)	해당 업종
여름(7~8월)	3~4월	주점, 고기요리, 닭·오리요리, 분식, 양식, 중식, 커피·음료, 종합소매점
겨울(11~1월)	8~9월	별식·퓨전요리, 일식·수산물, 패스트푸드, 일반병원, 의약·의 료품, 의복·의류
12월	9월	제과·제빵
연중 고른 수준	무관	한식, 미용서비스, 화장품, 수의업, 특화병원

업종별 최다 창업시기는?

실제 우리 주변에서 성수기 3개월 전에 창업이 이루어졌을까? 상권분석서비스의 점포수 변화 자료를 통해 창업이 가장 많이 일어난 시기를 20개 업종별로 분석해보았다.

████   업종별 창업시기

시기	해당 업종
1~2월 창업	일반병원, 특화병원
3월 창업	• 음식: 간이주점, 고기요리, 닭·오리요리, 별식·퓨전요리, 분식, 양식, 일식·수산 물, 중식, 커피·음료, 패스트푸드, 한식 • 서비스: 미용서비스, 수의업 • 소매: 의약·의료품, 의복·의류, 종합소매점, 화장품소매
9월 창업	제과·제빵

창업이 활발한 시기를 분석한 결과, 세 부류였다. 대부분의 음식·소매·서비스 업종은 3월 창업이 많은 것으로 나타났다(20개 중 17개 업종). 특히 의류, 미용서비스, 화장품 등 봄 시즌과 밀접한 관계에 있는 패션·미용 업종의 3월 창업률이 높게 나타났다.

그다음 병원은 주로 1~2월에 개업하는 것으로 조사됐다. 이는 1월부터 12월까지 연 단위 세무·회계 방식인 병원 특성, 그리고 개업의가 되기 전 페이닥터 계약기간이 주로 연말 단위인 것과 관련 있어 보인다.

마지막으로 9월 창업률이 높은 제과점이 눈에 띈다. 연말을 놓치지 않기 위해 가을에 창업하여 자리 잡는 경우가 많다.

창업 유망 시기와 실제 창업이 이루어지는 시기가 다른 경우가 보인다. 이렇게 되면 창업 후 2~3개월 만에 비수기가 찾아오면서 오픈 효과를 보지 못하고 사업 운영이 어려워질 수 있다. 창업 시점은 창업 성패에 큰 영향을 미친다. 따라서 희망 업종의 성수기·비수기를 정확히 분석하고 계획하는 것이 좋다.

빅데이터가 알려주는
유망 아이템

Point

• 교육, 의료, 생활형 서비스 업종 증가 추세

• 소매상권은 인근 주거인구 대상 서비스+음식업 보완

• 점심 위주의 외식상권은 교육·서비스 업종 증가

• 저녁 위주의 외식상권은 체험 위주 오락서비스 증가

이렇게 분석했습니다

• 대상: 전국 1,135개 주요 상권

• 기간: 2016~2018년 지속적으로 성장하는 업종 추출

• 출처: 나이스지니데이타

더 이상 대박은 없다

4차 산업혁명, 빅데이터, AI 같은 흐름이 창업시장에도 많은 영향을 미치고 있다. 가장 큰 변화는 '대박' 대신 '적합'이라는 말이 각광받게 되었다는 것이다. 2013년 이전부터 번졌던 대박 키워드는 '무분별하게 유행을 좇으면 실패할 수밖에 없다'는 교훈을 남겼다. 유행 타다가 금세 사라진 아이템은 쉽게 찾을 수 있다. 닭 관련 메뉴 중에서는 찜닭, 불닭, 파닭, 닭강정 유행이 지나고, 저가 통닭이 인기를 끌었다. 주류 시장은 요리주점, 룸식 포차에서 병맥주 전문점으로 트렌드가 바뀌었다. 이후 수제 맥주가 인기를 끌고 있다. 카페·디저트 시장에서는 팥빙수 전문점의 인기가 식자 밀크티가 그 자리를 차지했다. 뒤이어 마카롱이 잠깐 등장했다가 저가 생과일주스를 거쳐, 최근에는 고가의 케이크와 스페셜티가 인기를 끌었다.

그러나 자영업 시장에서 이런 대박 아이템이 점점 사라지고 있다. 정부의 자금 대출 규제와 쇼핑 추세가 온라인으로 옮겨 갔다는 점도 한몫했다. 유행을 타고 번졌던 많은 아이템이 쇠락해가는 과정에서 학습효과가 나타난 것으로도 볼 수 있다. 그 결과 창업에 앞서 신중하게 상권·업종을 선택하고, 주변 상황을 면밀하게 검토하는 분위기가 확산되고 있다. 프랜차이즈 업계에서도 신규 출점보다는 기존 점포의 매출 향상과 가맹점 이탈 방지에 초점을 두는 안정화에 집중하고 있다. 이런 분위기에서 대두된 것이 바로 적합이라는 키워드다.

대박과 적합의 가장 큰 차이점은 창업의 여러 요소 중 한 가지만 보고 결정하느냐, 여러 방면을 고려해서 결정하느냐 하는 것이다.

보통 창업할 때 자금, 아이템, 입지 3가지를 고려해야 한다는 것이 정설이다. 유행을 좇았다가 실패했다면, 아이템에만 치중하여 입지와 자금을 간과하진 않았는지 돌아볼 필요가 있다. 적합이 성립되기 위해서는 자금, 아이템, 입지가 잘 갖추어졌을 때만 가능하다.

적합한 아이템을 찾기 위해서 되새겨야 하는 사항이 바로 지피지기다. 적을 알고 나를 알아야 한다는 의미 중에서 요즘은 상대방보다 '나를 아는 것(知己)'이 부각되고 있다. 과거에는 경쟁 점포수, 매출, 업종 유행, 경기 등에 초점을 맞췄다. 하지만 최근 온라인 마케팅과 배달이 활성화되면서 경쟁 점포수의 중요도가 하락했다. 또 경쟁관계가 복잡해지면서(예를 들어, 패스트푸드점끼리 경쟁하는 것이 아니라 편의점 도시락이나 배달음식과 경쟁하는 상황) '남(경쟁관계)을 아는 것' 자체가 무의미하거나 불가능해졌다. 이런 상황에서 로드숍을 운영하는 자영업자나 프랜차이즈 본부가 할 수 있는 최선은 '스스로를 제대로 알고 어필하는 것'이 되었다.

따라서 자영업자, 프랜차이즈 가맹점주가 최우선으로 해야 할 것은 창업할 상권의 특징 파악이다. 상권도 유형에 따라 적합한 업종이 따로 있기 때문이다. 지금부터 자영업 시장과 상권 유형별 적합 업종을 알아보자.

내 상권의 성격은 무엇일까

몇 년 전만 해도 '서울 5대 상권', '전국 100대 상권' 같은 키워드가 주목받았다. 강남과 명동, 종로 혹은 홍대와 신촌(또는 건대)이 주로 비교됐다. 신흥상권이라고 하면 연남동, 가로수길, 경리단길이

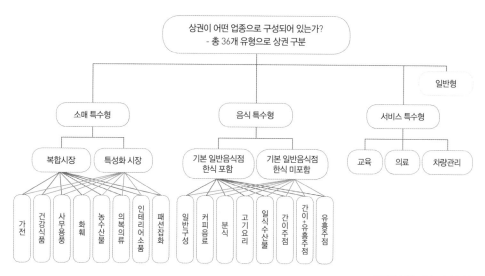

상권 유형 구분

상권이 어떤 업종으로 구성되어 있는가?
- 총 36개 유형으로 상권 구분

일반형

소매 특수형 / 음식 특수형 / 서비스 특수형

복합시장 / 특성화 시장

기본 일반음식점 한식 포함 / 기본 일반음식점 한식 미포함

교육 / 의료 / 차량관리

가전 / 건강식품 / 사무용품 / 화훼 / 농수산물 / 의복의류 / 인테리어소품 / 패션잡화

일반구성 / 커피음료 / 분식 / 고기요리 / 일식수산물 / 간이주점 / 간이+유흥주점 / 유흥주점

유형구분 개발: 나이스지니데이타
자문: ㈜KYG외식경영연구원 김영갑 교수

빠지지 않고 등장했다. 현재도 상권 지역만 바뀌었을 뿐 성수동, 망원동, 문정동 등이 비슷하게 등장한다.

이렇게 묶인 상권을 살펴보면 겉으로 드러나지 않는 기준을 발견할 수 있다. 서울 5대, 전국 100대 같은 키워드는 '상권 규모'가 기준이라는 것을 알 수 있다. 또 신흥상권이라고 하면 '상권의 형성 시기'가 기준이라는 것을 파악할 수 있다. 이는 상권 판단의 한 가지 기준이 될 수는 있지만, 상권의 성격을 담기에는 부족하다. 예를 들어, 강남과 명동을 단순히 비교하는 것은 약간 어색해 보인다. 이유는 두 상권의 성격이 전혀 다르기 때문이다.

상권 유형별 특징 및 해당 상권

상권 유형		특수 업종	해당 상권 예시
서비스 특수형 (특정 서비스 업종을 강화)		교육서비스 (학원가)	한티, 고덕, 대치
		의료서비스 (병원가)	강남, 압구정역, 신사
		차량관리 (중고차 시장)	장한평역, 중고차시장골목
소매 특수형	복합시장 (다른 소매업종과 혼재)	가전제품	용산 전자상가
		선물·완구	양재동 꽃시장
		음·식료품소매	경동시장, 가락시장
		의복·의류	동대문시장, 고속터미널역
		인테리어·소품	영등포시장역
	특성화시장 (특정 업종에 집중)	가전제품	강변테크노마트
		사무·교육용품	동대문 문구·완구 도매종합시장
		음·식료품소매	노량진 수산시장
		의복·의류	이대역, 동대문시장, 남대문시장
		인테리어·소품	구로기계공구상, 을지로3가, 구로중앙유통단지
		패션잡화	부평 지하상가, 종로3가역, 롯데백화점 본점
음식 특수형	일반음식점 한식 포함 (직장, 학교 등 포함)	일반 구성	역삼역, 여의도, 인하대 후문
		커피·음료	가산디지털단지역
		분식	광화문역, 디지털미디어시티
		간이주점	신천먹자골목, 종각역 젊음의거리, 신촌역
		유흥주점	충무로역, 동대문역사문화공원역
음식 특수형	일반음식점 한식 미포함 (먹자골목으로 특화)	일반 구성	노원역, 포스코사거리, 강남역
		커피·음료	선정릉역
		분식	건대입구(로데오거리)
		간이주점	건대입구(먹자골목), 연신내역, 신림역
		간이+유흥주점	방이동 먹자골목, 강서구청, 수유역
		유흥주점	길동역, 장안동사거리, 종로5가역
일반형 (음식·소매·서비스 업종이 4:3:3 정도로 일반적인 업종 구성)			신대방삼거리역, 등촌역, 방배역

자료 : 나이스비즈맵 상권분석서비스

'상권 유형 구분'(55쪽)을 보자. 흔히 알고 있는 상권을 업종 구성에 따라 분류하면 각각 다른 범주에 속한다는 것을 알 수 있다. 이 방식으로 분류해보면 상권 규모, 상권 형성 시기로 묶었을 때는 찾을 수 없었던 유형별 공통점을 발견하거나 상권 특성을 알 수 있다. 이렇게 상권 업종 구성에 따라 구분한 후 각 유형에 속하는 상권끼리 나누어 분석하면 상권 유형별로 성장세에 있는 업종의 특징을 밝힐 수 있다.

최근 3년간 성장한 업종은 무엇일까

서비스 특수형 상권 성장 업종

교육서비스(학원가)

순위	업종	점포수 증가율	평균 매출 증가율
1	독서실·고시원	21	20
2	세탁·가사서비스	7	11
3	사우나·휴게시설	6	11
4	입시학원	6	6

의료서비스(병원가)

순위	업종	점포수 증가율	평균 매출 증가율
1	차량관리·부품	41	16
2	독서실·고시원	18	10
3	요가·단전·마사지	9	10
4	일반스포츠	13	7

차량관리(중고차 시장)

순위	업종	점포수 증가율	평균 매출 증가율
1	스포츠·레저용품	51	103
2	일반스포츠	43	90
3	광고·인쇄·인화	42	60
4	간이주점	51	53
5	뷔페	33	42
6	분식	18	35
7	별식·퓨전요리	13	22
8	커피·음료	18	15
9	미용서비스	10	10
10	종합소매점	6	8
11	패션잡화	8	8

서비스 업종의 상권을 교육서비스(학원가), 의료서비스(병원가), 차량관리(중고차 시장) 3가지 유형으로 나누어 보자(57쪽 '서비스 특수형 상권 성장 업종'). 학원가에서는 교육 업종뿐만 아니라 세탁소, 사우나 등 주거형 업종이 함께 성장하고 있다는 것을 알 수 있다. 병원가에서는 교육서비스 업종이, 중고차 시장 주변에서는 스포츠 업종과 음식업이 성장하고 있는 것으로 나타났다.

특정 품목 비중이 높은 소매 특수형 복합시장 상권을 보자('소매 특수형 복합시장 상권 성장 업종' 표). 가전제품 비중이 높은 복합시장(예, 전자상가)에서는 가전제품 외의 소매업 비중이 늘어나는 것으로 분석됐다. 선물·완구 위주 시장(예, 꽃 시장)에서 크게 증가한 업종은 없었다. 의복·의류 상권에서는 차량관리, 수의업, 유아교육 등 주변 주거 단지를 대상으로 하는 서비스 업종이 눈에 띄었다. 인테리어·소품 시장은 주점, 중식 증가율이 높았다. 신발, 가방 등 패션·잡화 시장에서는 교육서비스와 분식 업종 증가율이 높았다. 전반적으로 소매 위주 복합시장 상권에서는 주변의 주거인구를 유인할 수 있는 학원, 병원 등 서비스 업종과 분식, 치킨, 중식 등 주거형 음식업 성장이 두드러졌다.

그다음 분석한 상권은 소매업 중 1가지 품목을 특성화시킨 유형이다('소매 특수형 특성화시장 상권 성장 업종' 표). 따라서 복합시장보다 상권 특징이 더 명확하다. 일단 가전제품 위주의 특성화시장에서는 복합시장과 마찬가지로 타 소매 품목 매출 증가율이 높았다. 커피·음료, 양식, 뷔페 같은 식음시설로 복합물 기능을 갖추고 있다. 전통적 인삼 시장이 포함된 건강·미용식품 시장은 휴대폰 매장, 인테리어·소

가전제품

순위	업종	점포수 증가율	평균 매출 증가율
1	일반스포츠	6	50
2	닭·오리요리	28	41
3	제과·제빵·떡·케이크	34	36
4	숙박	9	14
5	의복·의류	7	13

의복·의류

순위	업종	점포수 증가율	평균 매출 증가율
1	차량관리·부품	31	196
2	수의업	13	57
3	유아교육	17	24
4	닭·오리요리	9	19
5	차량관리	13	16

선물·완구

순위	업종	점포수 증가율	평균 매출 증가율
1	선물·완구	6	5
2	한식	25	3
-	-	-	-
-	-	-	-
-	-	-	-

인테리어·소품

순위	업종	점포수 증가율	평균 매출 증가율
1	악기·기념품	24	197
2	주유소·충전소	150	163
3	닭·오리요리	10	27
4	간이주점	24	23
5	중식	24	22

음·식료품 소매

순위	업종	점포수 증가율	평균 매출 증가율
1	광고·인쇄·인화	14	30
2	분식	8	25
3	차량관리	6	16
4	간이주점	9	15
5	닭·오리요리	12	14

패션·잡화

순위	업종	점포수 증가율	평균 매출 증가율
1	예체능계학원	25	83
2	일반스포츠	14	70
3	광고·인쇄·인화	22	29
4	분식	9	18
5	차량관리	9	14

소매 특수형 특성화시장 상권 성장 업종

단위: %

가전제품

순위	업종	점포수 증가율	평균 매출 증가율
1	광고·인쇄·인화	10	448
2	음·식료품소매	12	49
3	악기·기념품	20	25
4	커피·음료	6	25
5	고기요리	18	18

음·식료품 소매

순위	업종	점포수 증가율	평균 매출 증가율
1	가전제품	6	67
2	독서실·고시원	27	51
3	수의업	12	34
4	서적·도서	16	17
5	세탁·가사서비스	11	16

건강·미용식품

순위	업종	점포수 증가율	평균 매출 증가율
1	차량관리	50	328
2	가전제품	9	115
3	인테리어·소품	39	112
4	일반스포츠	320	73
5	선물·완구	19	11

인테리어·소품

순위	업종	점포수 증가율	평균 매출 증가율
1	광고·인쇄·인화	13	61
2	예체능계학원	210	48
3	일반스포츠	20	31
4	고기요리	17	22
5	가전제품	11	22

사무·교육용품

순위	업종	점포수 증가율	평균 매출 증가율
1	광고·인쇄·인화	40	179
2	예체능계학원	6	105
3	고기요리	25	48
4	패션잡화	15	43
5	별식·퓨전요리	23	24

패션·잡화

순위	업종	점포수 증가율	평균 매출 증가율
1	패스트푸드	6	103
2	요가·단전·마사지	66	71
3	세탁·가사서비스	154	46
4	중식	6	32
5	선물·완구	11	25

의복·의류

순위	업종	점포수 증가율	평균 매출 증가율
1	별식·퓨전요리	6	11
2	수의업	9	9

한식 위주 일반

순위	업종	점포수 증가율	평균 매출 증가율
1	운전학원	115	188
2	입시학원	6	16
3	세탁·가사서비스	6	13
4	독서실·고시원	9	11
5	일반스포츠	12	5

한식+고기요리

순위	업종	점포수 증가율	평균 매출 증가율
1	가전제품	26	86
2	스포츠·레저용품	54	82
3	외국어학원	14	42
4	일반병원	6	32
5	입시학원	6	26

한식+커피·음료

순위	업종	점포수 증가율	평균 매출 증가율
1	서적·도서	8	362
2	화장품소매	98	164
3	제과·제빵·떡·케이크	13	58
4	입시학원	22	55
5	일반병원	12	27

한식+간이주점

순위	업종	점포수 증가율	평균 매출 증가율
1	운전학원	44	26
2	독서실·고시원	23	18
3	광고·인쇄·인화	11	15
4	수의업	6	11
5	의약·의료품	5	10

한식+분식

순위	업종	점포수 증가율	평균 매출 증가율
1	숙박	11	163
2	독서실·고시원	32	73
3	인테리어·소품	6	43
4	패션잡화	17	33
5	일반스포츠	13	30

한식+간이+유흥주점

순위	업종	점포수 증가율	평균 매출 증가율
1	요가·단전·마사지	10	107
2	세탁·가사서비스	125	57
3	중식	76	48
4	특화병원	25	39
5	종합소매점	9	20
6	일반스포츠	15	16
7	간이주점	9	14
8	별식·퓨전요리	13	13
9	입시학원	50	8

한식+유흥주점

순위	업종	점포수 증가율	평균 매출 증가율
1	서적·도서	17	144
2	분식	7	15
3	세탁·가사서비스	5	9
4	일반스포츠	21	8
5	간이주점	8	7

품 등 시장이 늘어나고 있다. 인테리어·소품 특성화 상권도 인쇄업을 제외하고 대부분 생활형 업종이 침투하고 있다. 동대문 문구·완구 도매시장 같이 사무·교육용품이 모인 상권은 보완관계인 인쇄업이 동시에 성장하고 있다. 온라인 쇼핑의 발달로 로드숍 시장에 큰 타격을 받은 의복·의류 상권에서는 큰 성장 업종 없이 주 고객을 내국인에서 외국인 관광객으로 바꿨다. 패션·잡화 위주 상권(예, 지하상가)은 패스트푸드, 중식, 분식 등 음식 업종을 보완하는 추세다. 덧붙여, 농산물 도매시장이나 수산시장 상권은 주변 주거 단지와 연계한 교육서비스, 동물병원, 세탁소, 분식 업종이 늘어나고 있다.

다음은 전체 구성이 음식업 위주로 되어있으며, 한식이 20% 이상인 상권이다(61쪽 '음식특수형 상권[한식 포함] 성장 업종'). 이렇게 한식 기반이라는 것은 주변에 점심 식사를 위한 상주인구가 있음을 의미한다. 즉, 대학가 혹은 직장가가 있는 상권이다. 이런 유형에서의 공통적인 현상은 교육과 의료 서비스가 성장하고 있다는 점이며, 주로 밤 시간대 이용 업종보다는 낮, 오후 시간대에 이용하는 업종이 성장한다.

이번에는 상주인구보다는 외부 유입인구 비중이 많은 '먹자골목' 위주의 음식형 상권이다('음식특수형 상권[한식 미포함, 먹자골목형] 성장 업종' 표). 일반음식업(한식)보다 고깃집, 횟집, 주점 등 저녁 위주 업종 비중이 더 높다. 스크린야구장, 락볼링장(일반스포츠) 등 오락시설 증가율이 가장 높게 나타났다. 이 외에는 교육, 의료서비스 성장률이 높았다. 추후에도 이런 분위기가 이어진다면, 놀이와 주류를 접목한 유형의 점포가 늘어날 것으로 보인다. 이렇게 볼 때, 상권의 주 이

음식특수형 상권(한식 미포함, 먹자골목형) 성장 업종

단위: %

일반 구성

순위	업종	점포수 증가율	평균 매출 증가율
1	예체능계학원	7	12
2	독서실·고시원	10	11
3	수의업	12	11
4	입시학원	6	9
5	세탁·가사서비스	9	8

고기요리

순위	업종	점포수 증가율	평균 매출 증가율
1	인테리어·소품	29	54
2	고기요리	8	13
3	일반스포츠	20	11
-	-	-	-
-	-	-	-

커피·음료

순위	업종	점포수 증가율	평균 매출 증가율
1	외국어학원	17	43
2	패션잡화	9	23
3	입시학원	30	19
4	일식·수산물	5	18
5	분식	9	17

간이주점

순위	업종	점포수 증가율	평균 매출 증가율
1	주유소·충전소	7	15
2	광고·인쇄·인화	13	11
3	일반스포츠	8	10
4	중식	8	9
5	선물·완구	12	6

분식

순위	업종	점포수 증가율	평균 매출 증가율
1	요가·단전·마사지	25	244
2	가전제품	16	106
3	양식	27	51
4	일반병원	8	39
5	일반스포츠	20	30

간이+유흥주점

순위	업종	점포수 증가율	평균 매출 증가율
1	예체능계학원	13	33
2	스포츠·레저용품	19	31
3	분식	6	18
4	가전제품	10	15
5	일반스포츠	18	14

일식·수산물

순위	업종	점포수 증가율	평균 매출 증가율
1	입시학원	8	37
2	요가·단전·마사지	71	30
3	양식	15	28
4	예체능계학원	28	26
5	일반스포츠	17	26

유흥주점

순위	업종	점포수 증가율	평균 매출 증가율
1	광고·인쇄·인화	5	28
2	뷔페	10	18
3	독서실·고시원	9	12
4	분식	11	11
5	수의업	8	10

일반형 상권 성장 업종

단위: %

일반형

순위	업종	점포수 증가율	평균매출 증가율
1	수의업	6	13
2	독서실·고시원	15	13
3	양식	6	11
4	세탁·가사서비스	12	9
5	운전학원	20	7
6	입시학원	5	7
7	커피·음료	6	6

용 시간대가 더 앞당겨질 것이라 예상할 수 있다.

마지막으로 음식, 소매, 서비스업 비율이 4:3:3으로 나타나는 구성의 상권이다('일반형 상권 성장 업종' 표). 이 상권은 앞서 분석한 다른 유형의 특징을 전형적으로 보여준다. 독서실·고시원, 운전학원, 입시학원 등 교육서비스 업종 증가율이 높았다. 음식업 중에서는 양식, 커피·음료 업종이 성장세를 보였다.

지역별로 잘 팔리는
외식 메뉴가 따로 있다?

Point

- 지역별로 다른 음식 메뉴를 선호함

- 선호도에 비해 점포가 부족한 업종을 창업 아이템으로 하는 것이 유리함

- 업종 선호도에 따라 입지 유망지역을 찾는 것도 가능

- 고기요리는 인근 직장인이 밀집하는 상권이 유리함

- 면요리나 분식업은 식사시간이 짧은 교통시설(터미널, 역세권, 기차역 등) 인근이
  유리함

이렇게 분석했습니다

- 기간: 2018년 1~12월

- 대상: 전국 행정동 단위 업종·메뉴 선호도(커피·음료, 패스트푸드, 안주류 제외)

- 나이스비즈맵 데이터를 통해 전국 외식 업종·메뉴 선호도 분석

빅데이터 시대가 되면서 실생활의 많은 부분이 수치화되고 있다. '한 달 업무량, 휴식시간, 음주량, 흡연량, 운동량, 여가시간, 가족과 보낸 시간' 같이 삶의 패턴을 수치화할 수도 있다. 외식업도 마찬가지다. 집밥이 대세라지만 여전히 외식시장은 성장하고 있다. 무심코 고르는 외식 메뉴도 쌓이면 현대인의 식습관을 파악할 수 있는 빅데이터가 된다. 이렇게 알아본 빅데이터는 특히 예비 창업자, 현직 자영업자에게 큰 도움을 줄 수 있다.

가장 사랑받는 외식 메뉴는?

소비 관련 데이터가 중요한 이유는 고객 수요를 파악할 수 있기 때문이다. 수요는 경제활동 주체의 모든 전략, 마케팅 활동과 맞물려 있다. 20년 전과 오늘날의 데이터를 비교해보면 얼마나 많은 경제지표가 달라졌는지 짐작할 수 있다. 고객의 성·연령·지역 특성에 따라 소비패턴을 파악하는 것도 중요하다. 이는 특정 시점에서의 마케팅 전략을 결정하는 데 필수 요소이기 때문이다.

'외식 메뉴 평균 선호도'를 보자. 국내 한 가정의 한 달 외식비가 100만 원이라고 한다면, 그중 10만 7,900원은 '갈비'에 소비하는 것으로 나타났다(커피·음료, 패스트푸드, 안주류 제외). 2위는 9만 1,200원(9.12%)인 삼겹살이었으며, 3위는 6만 7,300원(6.73%)으로 치킨이었다. 4위는 족발, 5위는 해장국, 6위는 순댓국이었다. 이를 통해 우리나라 소비자의 고기요리에 대한 선호도를 엿볼 수 있으며, 특히 돼지고기 비중이 가장 높은 것을 확인할 수 있다.

'외식 메뉴 선호도(68쪽)'에서 판매 건수로 보면 김밥이 가장 많

순위	메뉴명	선호도	순위	메뉴명	선호도
				외식 메뉴 평균 선호도(매출액 기준)	단위: %
1	갈비	10.79	23	부대찌개	1.65
2	삼겹살	9.12	24	피자	1.6
3	치킨	6.73	25	떡볶이	1.55
4	족발	4.38	26	스파게티	1.51
5	해장국	4.18	27	우동	1.5
6	순댓국	3.7	28	제육	1.49
7	짬뽕	3.53	29	곱창	1.45
8	돈가스	3.4	30	아귀찜·탕	1.16
9	장어	3.14	31	해물찜·해물탕	1.14
10	소고기	2.79	32	막창	1.13
11	김밥	2.62	33	순두부찌개	1.07
12	육개장	2.55	34	광어	1.03
13	냉면	2.46	35	파전·빈대떡	0.94
14	칼국수	2.45	36	설렁탕	0.85
15	국수	2.37	37	삼계탕	0.83
16	짜장면	2.37	38	라면	0.8
17	보쌈	2.22	39	우럭	0.78
18	김치찌개	2.02	40	찜닭	0.65
19	감자탕	1.9	41	샌드위치	0.38
20	닭갈비	1.85	42	카레	0.33
21	비빔밥	1.73	43	게장	0.19
22	콩나물국밥	1.65		합계	100

외식 메뉴 선호도(판매 건수 기준)

순위	메뉴	건수비중	평균 메뉴단가	순위	메뉴	건수비중	평균 메뉴단가
1	김밥	9.1	2,469	23	순두부찌개	1.4	6,525
2	삼겹살	8.1	9,659	24	족발	1.3	2만 9,635
3	갈비	7.1	1만 3,082	25	피자	1.2	1만 1,102
4	해장국	5.2	6,889	26	스파게티	1.1	1만 1,449
5	순댓국	4.9	6,475	27	막창	1.0	9,337
6	치킨	4.7	1만 2,275	28	곱창	1.0	1만 2,469
7	짬뽕	4.1	7,322	29	소고기	0.9	2만 6,036
8	돈가스	4.0	7,312	30	설렁탕	0.9	8,139
9	냉면	3.9	5,378	31	장어	0.8	3만 1,907
10	국수	3.8	5,339	32	파전·빈대떡	0.7	1만 1,247
11	짜장면	3.7	5,490	33	보쌈	0.7	2만 7,404
12	떡볶이	3.4	3,956	34	샌드위치	0.7	4,742
13	칼국수	3.3	6,456	35	감자탕	0.6	2만 5,622
14	육개장	2.9	7,468	36	삼계탕	0.6	1만 2,860
15	콩나물국밥	2.8	5,023	37	카레	0.4	7,188
16	김치찌개	2.4	7,366	38	광어	0.4	2만 2,294
17	비빔밥	2.2	6,806	39	아귀찜·탕	0.3	3만 3,688
18	우동	2.1	6,172	40	우럭	0.3	2만 3,825
19	라면	2.0	3,512	41	찜닭	0.3	2만 1,297
20	제육	1.9	6,867	42	해물찜·해물탕	0.3	3만 8,124
21	부대찌개	1.7	8,192	43	게장	0.1	1만 9,341
22	닭갈비	1.6	9,979	합계		100	

순위	업종	점포 비중	순위	업종	점포 비중
1	일반 한식·백반	46.98	14	곰장어전문	0.96
2	라면·김밥·분식	9.51	15	부대찌개·섞어찌개	0.79
3	후라이드·양념치킨	8.9	16	냉면집	0.77
4	중국음식	4.95	17	막창구이	0.73
5	갈비·삼겹살	4.66	18	아귀전문	0.63
6	횟집	4.46	19	삼계탕전문	0.52
7	해장국·감자탕	3.01	20	콩나물국밥	0.39
8	국수·만두·칼국수	2.73	21	파전전문	0.35
9	족발·보쌈전문	2.22	22	해물찜·탕전문	0.29
10	피자전문	2.15	23	바닷가재·게요리전문	0.25
11	순대전문점	1.9	24	우동전문점	0.24
12	떡볶이전문	1.26	25	스파게티전문점	0.18
13	곱창·양구이전문	1.18		합계	100

외식업 업종 구성 비중(점포수 기준)

단위: %

왔다. 매출액 순위와 판매 건수 순위를 비교해보면, 단가가 낮은 메뉴의 순위가 높음을 확인할 수 있다. 또 평균 단가를 보면 김밥은 한 줄에 2,500원, 삼겹살은 9,600원, 갈비는 1만 3,000원 정도(소갈비와 명칭만으로 구분이 어려워 일부 포함된 수치)다. 한식 국밥·찌개류가 6,000~7,000원, 국수·냉면·우동 등 면류가 5,000~6,500원 대다. 기본 2~3인분 단위로 소비되는 족발·보쌈·해물찜·아귀찜·감자탕 등은 2만 원대 후반에서 3만 원대까지 가격이 형성되어 있다.

외식업 구성 비율은 메뉴가 아닌 업종 기준으로 점포수를 분석했다(69쪽 '외식업 업종 구성 비중'). 찌개, 국밥, 덮밥, 볶음, 구이, 면 요리를 판매하는 대부분 점포가 '일반 한식·백반'으로 등록되기 때문에 한식업 비중이 50% 가깝게 나타났다. 2위는 분식이었으며, 치킨, 중국집, 고깃집, 횟집 순이었다. 특히 메뉴 선호도가 가장 높았던 고깃집은 전체 5위(4.66%)인 것을 확인할 수 있다.

외식메뉴별 매출 상위 지역은?

메뉴 선호도와 점포수 비중 분석 결과를 살펴보면, '우리나라 사람은 고기요리를 가장 좋아하는데 비교적 고깃집이 없으니 고깃집을 창업해야겠다.'라고 생각하기 쉽다. '음식 업종별 점포수 및 매출 비중'을 보자. 무턱대고 고깃집 창업에 뛰어들면 안 된다. 매출 비중이 높은 것은 한 점포에서의 매출이 높다는 것을 의미한다. 이런 업종은 갈비·삼겹살, 횟집, 곱창·양구이, 곰장어, 삼계탕, 바닷가재·게요리 등이 있다. 이들은 한 점포의 규모가 크고, 초기 시설투자가 필요함을 알 수 있다. 또한 맛, 재료, 서비스 등 많은 요소에서 특별한 경쟁력을 가져야만 살아남을 수 있다. 따라서 진입장벽이 높은 업종에 속한다고 할 수 있다. 게다가 원재료를 안정적으로 공급할 수 있는 유통망 없이는 창업하기 어렵다. 타 업종에 비해 초기 투자비가 적고 진입장벽이 낮은 치킨집, 분식, 커피전문점 창업이 많은 이유를 여기서 찾을 수 있다.

창업 업종과 콘셉트에 맞는 자금, 유통망, 품질 조건을 충족했다면, 그다음 창업 지역의 업종·메뉴 선호도, 공급·수요 관계(포화 여부),

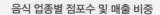

음식 업종별 점포수 및 매출 비중

단위: %

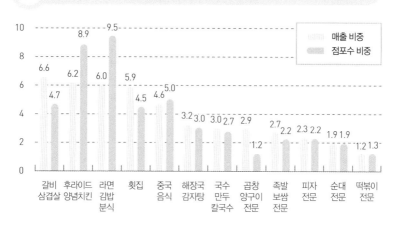

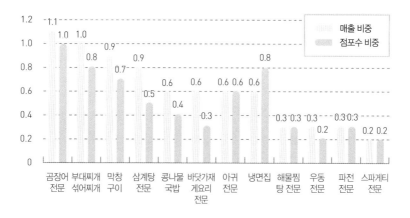

경쟁관계 메뉴 및 업종을 조사해야 한다. 이렇게 경쟁력이 갖춰졌다면, 지역별 선호도를 반영하여 적합한 업종을 선택하거나, (업종을 결정한 경우에는) 입점 지역을 찾아야 한다.

음식업 수가 50개 이상인 전국 행정동을 대상으로 고기요리 매

고기요리 매출 비중 상위 지역

단위: %

갈비·삼겹살

평균 매출 비중		6.6
순위	주소	매출 비중
1	경기도 포천시 이동면	66.9
2	울산광역시 울주군 두동면	54.8
3	인천광역시 남구 용현3동	40.9
4	서울특별시 종로구 평창동	36.2
5	인천광역시 계양구 계산3동	31.2
6	대전광역시 서구 변동	29.6
7	경상북도 경주시 강동면	29.3
8	대구광역시 남구 봉덕2동	27.5
9	경기도 성남시 양지동	26.2
10	서울특별시 송파구 풍납2동	25.9

곱창·양구이

평균 매출 비중		2.9
순위	주소	매출 비중
1	서울특별시 중구 황학동	45.0
2	대전광역시 대덕구 대화동	29.0
3	부산광역시 남구 감만1동	28.7
4	부산광역시 수영구 망미2동	27.4
5	부산광역시 수영구 남천2동	26.4
6	서울특별시 성동구 왕십리도선동	26.3
7	서울특별시 광진구 능동	25.2
8	울산광역시 남구 삼호동	23.8
9	충청남도 예산군 삽교읍	20.9
10	대구광역시 남구 대명9동	20.5

막창구이

평균 매출 비중		0.9
순위	주소	매출 비중
1	울산광역시 중구 병영1동	30.3
2	대구광역시 북구 복현1동	23.9
3	대구광역시 남구 대명5동	19.0
4	대구광역시 수성구 파동	16.5
5	경상북도 안동시 태화동	15.4
6	대구광역시 서구 비산5동	14.1
7	대구광역시 북구 태전2동	14.0
8	대구광역시 동구 효목2동	13.6
9	경상북도 상주시 함창읍	12.1
10	대구광역시 남구 대명11동	11.4

족발·보쌈전문

평균 매출 비중		2.7
순위	주소	매출 비중
1	서울특별시 종로구 창신2동	33.3
2	부산광역시 서구 서대신1동	21.2
3	대구광역시 달서구 죽전동	17.1
4	충청남도 논산시 부창동	16.6
5	부산광역시 북구 구포2동	16.1
6	부산광역시 중구 부평동	15.8
7	서울특별시 마포구 아현동	15.7
8	서울특별시 서초구 방배2동	15.4
9	서울특별시 강북구 인수동	14.9
10	서울특별시 종로구 창신1동	14.8

면요리 업종별 매출 비중 상위 지역

국수·만두·칼국수

평균 매출 비중		3.0
순위	주소	매출 비중
1	경기도 여주시 대신면	57.3
2	강원도 춘천시 신북읍	44.2
3	대전광역시 동구 삼성동	38.5
4	경기도 안산시 대부동	31.8
5	충청남도 공주시 월송동	29.5
6	경상남도 김해시 칠산서부동	29.3
7	충청남도 아산시 영인면	29.2
8	경기도 화성시 비봉면	24.6
9	서울특별시 성북구 성북동	23.2
10	대전광역시 중구 문화2동	22.0

냉면집

평균 매출 비중		0.6
순위	주소	매출 비중
1	경기도 양평군 옥천면	14.1
2	경상남도 거제시 연초면	12.4
3	경기도 의정부시 의정부3동	11.0
4	서울특별시 동대문구 제기동	10.6
5	서울특별시 중구 장충동	8.7
6	서울특별시 성북구 성북동	8.5
7	울산광역시 남구 신정5동	7.9
8	부산광역시 금정구 부곡2동	7.8
9	서울특별시 노원구 하계1동	7.7
10	서울특별시 강북구 삼양동	7.3

스파게티전문점

평균 매출 비중		0.2
순위	주소	매출 비중
1	경기도 남양주시 진건읍	6.4
2	서울특별시 은평구 진관동	6.3
3	서울특별시 중구 동화동	6.0
4	경상북도 김천시 구성면	5.0
5	경기도 부천시 중2동	4.6
6	대전광역시 유성구 노은2동	4.6
7	서울특별시 광진구 중곡4동	4.3
8	서울특별시 마포구 연남동	4.3
9	부산광역시 수영구 광안2동	4.1
10	대구광역시 남구 대명9동	3.9

우동전문점

평균 매출 비중		0.3
순위	주소	매출 비중
1	인천광역시 남구 도화2.3동	13.7
2	서울특별시 마포구 망원1동	6.2
3	광주광역시 서구 광천동	5.8
4	서울특별시 성동구 성수1가1동	4.9
5	경기도 수원시 매교동	4.7
6	경상북도 구미시 원평2동	4.6
7	경기도 의왕시 고천동	4.4
8	경기도 고양시 일산3동	4.2
9	광주광역시 동구 동명동	3.8
10	서울특별시 금천구 시흥5동	3.7

출 비중이 높은 지역을 1위부터 10위까지 뽑았다. 각 업종별로 최상위권에 오른 지역은 음식 특화거리로 지정되어 있거나 지명과 메뉴명이 연계되어 고유명사처럼 쓰이는 곳이었다. '포천 이동 갈비', '황학동 막창골목', '대구 막창거리', '아현동 족발골목' 등이 대표적이다. 유명세를 타지 않았더라도 매출 비중이 높다는 것은 그 지역에서 해당 메뉴의 선호도가 높다는 것을 의미한다. 즉, 지역과 업종이 잘 맞는 것으로 봐야 한다. 예를 들어, 직장가에 고깃집이 있다면 궁합이 잘 맞는다고 볼 수 있다. 회식자리 등으로 저녁 시간대 매출이 높기 때문이다.

수산물 업종별 매출 비중 상위 지역

단위: %

곰장어전문

평균 매출 비중		1.1
순위	주소	매출 비중
1	부산광역시 연제구 거제2동	34.4
2	경기도 부천시 춘의동	17.9
3	경상남도 통영시 도천동	16.8
4	서울특별시 동대문구 휘경2동	16.7
5	경기도 고양시 능곡동	16.0
6	서울특별시 서대문구 홍은1동	15.9
7	경상남도 김해시 불암동	15.9
8	경기도 김포시 월곶면	15.5
9	경기도 하남시 감북동	15.3
10	충청남도 아산시 인주면	14.4

바닷가재·게요리전문

평균 매출 비중		0.6
순위	주소	매출 비중
1	경상북도 영덕군 강구면	53.3
2	경상북도 포항시 구룡포읍	28.2
3	경상북도 울진군 후포면	23.6
4	경상북도 포항시 송라면	22.1
5	강원도 삼척시 정라동	21.6
6	경상북도 울진군 죽변면	19.5
7	강원도 강릉시 주문진읍	19.1
8	강원도 속초시 영랑동	17.6
9	강원도 속초시 동명동	15.2
10	경상북도 경주시 감포읍	15.2

아귀전문

평균 매출 비중		0.6
순위	주소	매출 비중
1	부산광역시 기장군 일광면	16.0
2	경상남도 진주시 문산읍	13.9
3	부산광역시 수영구 망미2동	12.4
4	서울특별시 은평구 신사2동	10.7
5	부산광역시 북구 구포2동	10.4
6	전라남도 목포시 옥암동	8.6
7	인천광역시 연수구 옥련1동	8.4
8	울산광역시 중구 반구2동	8.3
9	서울특별시 영등포구 도림동	8.0
10	서울특별시 노원구 상계3.4동	8.0

해물찜·탕전문

평균 매출 비중		0.3
순위	주소	매출 비중
1	경기도 안성시 양성면	19.1
2	경상남도 통영시 도천동	12.0
3	충청북도 청주시 수곡1동	10.2
4	전라북도 전주시 금암2동	10.1
5	경상남도 거제시 장승포동	8.7
6	광주광역시 광산구 월곡2동	8.6
7	경기도 수원시 매탄1동	8.4
8	서울특별시 성동구 금호2.3가동	7.7
9	경기도 시흥시 장곡동	7.7
10	서울특별시 양천구 신정1동	7.1

횟집

평균 매출 비중		5.9
순위	주소	매출 비중
1	전라북도 군산시 해신동	96.3
2	충청남도 홍성군 서부면	89.8
3	충청남도 보령시 대천5동	76.4
4	강원도 동해시 묵호동	74.9
5	인천광역시 중구 연안동	73.0
6	충청남도 태안군 소원면	70.4
7	강원도 강릉시 사천면	69.8
8	경상남도 거제시 장목면	69.7
9	충청남도 서산시 부석면	69.6
10	충청남도 서천군 서면	66.5

간단한 메뉴인 면요리는 외곽지역 혹은 주거인구 밀집지역이 순위권에 올랐다. 주 고객이 40대 이상 여성이기 때문이다. 또 빠른 식사를 요하는 교통중심지(터미널이나 역세권)를 포함하고 있는 지역도 찾아볼 수 있다. 그래서 면요리 업종의 유망지역은 일반 한식·분식·패스트푸드 업종과 겹치기도 한다(그만큼 입지가 자유로운 업종으로 분류된다).

수산물 요리는 대부분 바닷가 인접 지역이 순위권에 올랐다. 영덕 대게, 기장 곰장어, 마산 아귀찜 등 수산시장이 있는 지역이다. 그런데 의외로 서울, 경기, 대전 등 내륙 지역에서도 수산물 요리 비중이 높은 지역을 찾아볼 수 있다. 이 지역은 수산물 요리 선호도

	한식 업종별 매출 비중 상위 지역	단위: %

일반 한식·백반

평균 매출 비중		45.9
순위	주소	매출 비중
1	부산광역시 금정구 금성동	99.4
2	부산광역시 기장군 철마면	94.8
3	전라남도 구례군 산동면	93.1
4	경상북도 칠곡군 동명면	92.9
5	경상남도 합천군 가야면	91.0
6	경기도 광주시 남한산성면	90.7
7	충청남도 공주시 반포면	90.5
8	부산광역시 서구 서대신4동	89.9
9	울산광역시 울주군 상북면	86.8
10	충청북도 보은군 속리산면	86.4

해장국·감자탕

평균 매출 비중		3.2
순위	주소	매출 비중
1	부산광역시 북구 덕천1동	26.2
2	전라남도 순천시 남제동	25.0
3	광주광역시 북구 오치1동	22.0
4	충청북도 음성군 생극면	21.2
5	경기도 고양시 장항1동	19.1
6	부산광역시 남구 문현4동	18.9
7	충청북도 청주시 사직2동	18.7
8	부산광역시 동구 초량3동	18.4
9	경상남도 창원시 대산면	18.4
10	충청북도 청주시 수곡1동	17.9

부대찌개·섞어찌개

평균 매출 비중		1
순위	주소	매출 비중
1	경기도 광주시 도척면	17.4
2	경기도 안산시 선부1동	10.4
3	대전광역시 유성구 노은2동	10.1
4	서울특별시 서대문구 홍제2동	8.3
5	경기도 안성시 대덕면	7.4
6	경기도 평택시 송탄동	7.3
7	경기도 과천시 중앙동	7.3
8	서울특별시 은평구 불광1동	7.2
9	서울특별시 송파구 석촌동	7.0
10	경기도 파주시 파주읍	6.6

순대전문점

평균 매출 비중		0.6
순위	주소	매출 비중
1	충청남도 천안시 병천면	58.5
2	충청남도 논산시 연산면	17.0
3	경기도 수원시 지동	16.1
4	전라북도 장수군 장수읍	15.0
5	대전광역시 중구 문창동	14.3
6	경기도 부천시 고강1동	13.9
7	부산광역시 남구 대연5동	13.5
8	인천광역시 남구 숭의4동	12.9
9	경기도 평택시 현덕면	12.3
10	전라북도 전주시 팔복동	11.9

콩나물국밥

평균 매출 비중		0.6
순위	주소	매출 비중
1	전라남도 목포시 대성동	12.0
2	서울특별시 송파구 거여1동	11.8
3	대구광역시 수성구 만촌3동	9.0
4	경기도 안양시 호계2동	7.9
5	전라북도 익산시 함열읍	7.1
6	경기도 광명시 광명5동	7.0
7	경상북도 안동시 풍천면	6.6
8	경기도 고양시 마두2동	6.3
9	경상북도 김천시 율곡동	6.0
10	서울특별시 용산구 원효로2동	5.9

분식 업종별 매출 비중 상위 지역

떡볶이전문

평균 매출 비중		1.2
순위	주소	매출 비중
1	대구광역시 수성구 범물1동	14.2
2	서울특별시 관악구 난곡동	10.6
3	경기도 안양시 신촌동	9.7
4	부산광역시 해운대구 좌2동	9.6
5	대전광역시 동구 자양동	8.9
6	충청북도 충주시 성내.충인동	8.8
7	경기도 용인시 상현1동	8.0
8	경기도 광명시 광명5동	7.8
9	경기도 성남시 중앙동	7.7
10	대구광역시 수성구 범어4동	7.7

라면김밥분식

평균 매출 비중		6.0
순위	주소	매출 비중
1	서울특별시 송파구 잠실2동	45.6
2	경기도 고양시 주엽1동	35.3
3	경기도 안양시 신촌동	35.0
4	부산광역시 금정구 부곡4동	28.8
5	광주광역시 남구 양림동	28.2
6	경상북도 김천시 지좌동	27.9
7	경상북도 김천시 대곡동	25.3
8	광주광역시 북구 매곡동	24.9
9	대구광역시 중구 대신동	24.5
10	경상남도 통영시 중앙동	23.9

가 특히 높은 지역이므로, 안정적이고 신선한 재료수급이 가능하다면 창업에 참고할 만하다.

가장 일반적이고 비중이 높은 한식업은, 어느 지역이든 기본 비율 이상 운영되고 있기 때문에 선호도가 특히 높은 지역을 짚기는 어렵다. 단, 해장국, 감자탕, 순대, 콩나물국밥 등 특정 메뉴는 선호도 높은 지역을 확인할 수 있다.

분식은 면요리와 마찬가지로 특정 고객층보다는 남녀노소 전반을 대상으로 하기 때문에 입지가 자유로운 편이다. 다만, 떡볶이, 튀김, 핫도그, 토스트 같이 특정 메뉴를 중심으로 창업할 때는 보

	배달 위주 음식업 및 기타 업종 매출 비중 상위 지역	단위: %

후라이드·양념치킨

평균 매출 비중		6.2
순위	주소	매출 비중
1	광주광역시 서구 양동	41.8
2	울산광역시 북구 양정동	33.5
3	경기도 고양시 행신1동	30.6
4	서울특별시 성북구 정릉1동	30.2
5	부산광역시 부산진구 범천2동	27.2
6	경기도 안양시 비산1동	27.2
7	서울특별시 동작구 사당4동	26.0
8	서울특별시 노원구 월계2동	24.4
9	경기도 고양시 일산1동	24.1
10	강원도 춘천시 후평2동	23.8

피자전문

평균 매출 비중		2.3
순위	주소	매출 비중
1	서울특별시 구로구 가리봉동	26.8
2	서울특별시 은평구 증산동	21.0
3	서울특별시 용산구 용산2가동	20.7
4	경기도 부천시 심곡3동	19.6
5	서울특별시 성동구 왕십리2동	19.6
6	서울특별시 관악구 삼성동	17.8
7	광주광역시 남구 주월1동	17.5
8	경기도 안양시 안양3동	15.1
9	경기도 의왕시 내손2동	14.7
10	인천광역시 남동구 구월2동	14.5

중국음식

평균 매출 비중		4.6
순위	주소	매출 비중
1	인천광역시 중구 북성동	55.1
2	서울특별시 영등포구 대림2동	47.5
3	전라북도 군산시 흥남동	31.3
4	경기도 수원시 고등동	28.9
5	부산광역시 동구 초량1동	26.7
6	경상남도 사천시 남양동	23.0
7	경상북도 경주시 현곡면	20.4
8	전라북도 익산시 인화동	20.4
9	경기도 평택시 송탄동	19.8
10	서울특별시 도봉구 쌍문1동	18.1

삼계탕전문

평균 매출 비중		0.9
순위	주소	매출 비중
1	서울특별시 영등포구 신길5동	45.6
2	대구광역시 달성군 가창면	27.9
3	부산광역시 동래구 복산동	25.8
4	경기도 안성시 죽산면	15.8
5	경기도 화성시 화산동	15.2
6	경기도 포천시 가산면	14.9
7	경기도 부천시 상동	13.6
8	경기도 수원시 조원1동	13.1
9	서울특별시 강동구 암사2동	12.4
10	울산광역시 중구 복산2동	10.5

파전전문

평균 매출 비중		0.3
순위	주소	매출 비중
1	부산광역시 동구 범일1동	9.0
2	서울특별시 동대문구 휘경1동	8.0
3	부산광역시 동래구 복산동	5.7
4	경기도 광주시 남한산성면	5.0
5	대전광역시 중구 문창동	4.9
6	서울특별시 도봉구 창1동	4.8
7	부산광역시 부산진구 양정1동	4.4
8	서울특별시 영등포구 신길6동	3.6
9	부산광역시 북구 구포3동	3.6
10	서울특별시 동작구 사당1동	3.6

다 젊은 고객층 밀집 지역이 유망하다고 분석된다. 아울러 여러 음식업 중에서 목적성이 가장 낮은 업종이므로 유동인구 영향을 많이 받는다는 점도 염두에 둬야 한다.

마지막으로 배달 위주 음식업(치킨, 피자, 중국음식)과 삼계탕, 파전 등 특수 업종의 매출 비중 상위 지역을 분석했다. 배달 위주 업종은 특수 밀집 지역(양동 치킨, 인천 차이나타운, 대림동 중식)을 제외하고는 대부분 주거인구 밀집 지역 매출이 높았다. 한편, 보양식(삼계탕)이나 파전 등은 40~50대 남성이 주 고객이기에 등산과 관련된 외곽지역이 순위권에 올랐다.

창업을 위한 업종·메뉴선호도 활용 예시				단위: %
업종(메뉴)	업종 평균 비중	서대문구 신촌동	강서구 화곡본동	강남구 청담동
고기요리				
갈비·삼겹살	6.6	7.3	15.2	0.9
곱창·양구이전문	2.9	5.1	5.3	2.7
막창구이	0.9	0.1	0	0
족발·보쌈전문	2.7	1.9	5.9	0.5
면요리				
국수·만두·칼국수	3	0.9	1.5	1
냉면집	0.6	1.2	0.5	0
스파게티전문점	0.2	0.2	0	1.4
우동전문점	0.3	0.3	0	0.3

일식·수산물 요리				
곰장어전문	1.1	0.1	1.2	1
바닷가재·게요리전문	0.6	0.6	0	0
아귀전문	0.6	0.1	0.3	0
해물찜·탕전문	0.3	0.5	0	0
횟집	5.9	2.4	5.7	0.5
일반한식·백반				
일반한식·백반	45.9	43.8	18.7	72.5
해장국·감자탕	3.2	1.2	1.9	0.3
부대찌개·섞어찌개	1.0	0.6	1.8	2.5
순대전문점	1.9	2.5	10.9	1.2
콩나물국밥	0.6	0.4	0	0.3
분식				
떡볶이전문	1.2	2.6	2.1	0.4
라면·김밥·분식	6	14.6	4.7	4.8
배달요리, 파전·삼계탕 등 기타				
후라이드·양념치킨	6.2	7.3	9.1	3.7
피자전문	2.3	1	5.9	0
중국음식	4.6	3.9	8.2	6.1
파전전문	0.3	0.2	1	0
삼계탕전문	0.9	1.3	0	0
지역별 창업적합 업종 요약	젊은 층 타깃의 분식업종, 주변지역에서 유입되는 직장인 대상의 수산물, 고깃집 강세	주변 주거세대 대상의 배달전문 업종, 고깃집 강세	음식 메뉴 중에서는 스파게티전문점, 한식 업종이 강세(전체 분석으로는 주점 비중이 평균치보다 가장 높음)

※ 붉은 색은 적합 업종 의미

한철장사로도
충분하다

- 여름철 성수기 업종

  ❶ 삼계탕, 사철탕, 장어 등 몸보신 업종 ❷ 냉면, 아이스크림, 호프·맥주 등 시원한 음식 ❸ 여름휴가철 관련 숙박, 자동차정비, 미용 업종 ❹ 예체능, 운전, 실용음악 학원

- 겨울철 성수기 업종

  ❶ 죽전문점, 샤브샤브 등 따뜻한 음식류 ❷ 횟집, 복전문, 바닷가재·게요리 등 수산물 요리 ❸ 의류·패션 ❹ 내과, 소아과, 이비인후과, 성형외과

- 연중 1~2회 성수기를 갖는 업종의 특성 파악이 중요함

- 여름철 성수기 지역(피서지), 겨울철 성수기 지역(주요 스키장, 해돋이 명소 + 따뜻한 지역)에 따른 집중시기 선정이 중요함

이렇게 분석했습니다

- 기간: 2017년 12~1월, 2018년 7~8월

- 대상: 전국 시·군·구 단위 전체 지역의 로드숍 업종

- 해당 기간 동안 해당 업종의 매출 집중도를 분석

기후와 환경 변화로 요즘 '봄·가을이 없다'는 말을 많이 한다. 여름, 겨울이 예상보다 일찍 찾아오고 더 늦게 물러간다. 기후가 자영업 시장에 미치는 영향은 크다. 냉면, 아이스크림 같은 시원한 먹거리는 물론, 호프, 커피전문점, 펜션 등 여름철 성수기 업종은 길어진 여름에 맞춰 1년 농사를 준비해야 한다. 반대로 국물요리, 수산물 요리 등 겨울 특수형 음식업종, 양식, 제과점, 의복·패션, 병원 등은 겨울을 준비해야 한다. 이렇듯 계절별 성수기가 다른 업종을 분석해보고, 이에 따라 계절 특수를 갖는 해당 지역의 파악은 점포를 운영하려는 예비 창업자에게는 필수라 할 수 있다.

여름과 겨울 성수기 아이템은?

먼저 여름철 성수기의 큰 특징은 소위 몸보신 관련 업종이 두드러진다는 것이다. 삼계탕, 사철탕, 장어, 오리고기, 추어탕 메뉴 업종이 대부분 상위에 올랐다.

두 번째 특징은 시원한 음식의 약진이다. 여름철 대표 음식인 냉면이나 아이스크림 등이 순위에 올랐다. 커피전문점, 편의점도 매출이 높았다.

세 번째 특징은 휴가, 여행 관련 업종이다. 아무래도 겨울보다 여름 휴가철이 전체 객수나 소비액이 많기 때문에 숙박 관련 펜션, 모텔, 여관 업종의 매출 비중이 높았다. 또 휴가철 이동 수단인 자동차, 자전거 관련 업종이 높은 매출을 기록했다. 노출이 많은 계절인 만큼 발·네일케어 업종도 매출 증대 효과가 있는 것으로 분석됐다.

네 번째 특징은 교육서비스업의 매출이 높다는 것이다. 방학을

순위	업종	7~8월 매출 비중 (평균 16.7)	평균대비 집중도	매출집중 등급
1	삼계탕전문	29.9	13.3	1
2	사철탕전문	29.7	13.0	1
3	펜션	26.4	9.7	1
4	냉면집	26.2	9.5	1
5	곰장어전문	22.6	5.9	2
6	일반가전제품	22.4	5.8	2
7	아이스크림	21.8	5.2	2
8	재활용품	20.5	3.8	3
9	발·네일케어	20.4	3.7	3
10	국수·만두·칼국수	20.1	3.5	3
11	독서실	20.0	3.3	3
12	낚시터·낚시용품	20.0	3.3	3
13	자동차운전·연수	19.5	2.9	4
14	샌드위치전문점	19.3	2.6	4
15	오리고기전문	19.2	2.6	4
16	요가·단식	19.2	2.5	4
17	추어탕전문	19.1	2.4	4
18	편의점	19.0	2.3	4
19	보일러·냉난방용품	19.0	2.3	4
20	서예·미술학원	18.9	2.2	4
21	비디오감상실	18.8	2.1	4
22	커피전문점	18.8	2.1	4
23	영화연극	18.7	2.1	4
24	우동전문점	18.7	2.1	4
25	자전거	18.7	2.0	4
26	볼링장	18.6	1.9	5
27	후라이드·양념치킨	18.6	1.9	5
28	동물병원	18.5	1.8	5
29	라면·김밥·분식	18.5	1.8	5
30	모텔·여관	18.4	1.7	5

여름철 성수기 업종　　단위: %

순위	업종	12~1월 매출 비중 (평균 16.7)	평균대비 집중도	매출집중 등급
1	스키장비	68.8	52.1	1
2	바닷가재·게요리전문	27.3	10.7	1
3	교복	25.6	8.9	1
4	자동차운전·연수	25.0	8.4	2
5	성형외과	21.5	4.9	3
6	사우나·목욕탕	21.4	4.7	3
7	죽전문점	21.2	4.6	3
8	이비인후과	21.0	4.3	3
9	복전문	20.8	4.2	3
10	비디오·오디오대여	20.7	4.0	3
11	나이트클럽	20.2	3.5	3
12	완구점	20.1	3.4	3
13	여성의류	20.1	3.4	3
14	영화연극	20.0	3.3	3
15	소아과	19.9	3.3	3
16	피자전문	19.6	3.0	3
17	샤브샤브전문	19.6	2.9	4
18	뷔페	19.3	2.7	4
19	스크린골프장	19.1	2.5	4
20	비디오감상실	19.0	2.3	4
21	캐쥬얼	18.8	2.1	4
22	조개구이전문	18.7	2.0	4
23	내과	18.7	2.0	4
24	룸살롱·단란주점	18.7	2.0	4
25	안과의원	18.6	2.0	4
26	매운탕전문	18.6	1.9	5
27	한정식전문	18.5	1.8	5
28	컴퓨터·주변기기	18.4	1.7	5
29	주류판매점	18.3	1.7	5

겨울철 성수기 업종　　단위: %

맞아 예체능·영어·교과학원, 독서실 등록 학생이 늘어난다는 점을 유추할 수 있다. 뿐만 아니라 여름휴가를 맞이하여 운전·요리 자격증 취득이나, 요가, 실용음악, 다이어트 등을 시작하려는 성인도 많은 것으로 나타났다.

이외에도 가전제품 매장은 여름철이 성수기인 것으로 나타났으며(에어컨 수요), 간단히 먹을 수 있는 패스트푸드나 분식 업종도 매출이 높았다.

겨울철 매출 집중 업종은 여름철보다 간단하다고 볼 수 있다. 먼저 따뜻한 음식이거나 수산물 관련 업종(바닷가재·게요리, 죽, 복전문, 샤브샤브, 조개구이)이 두드러진다. 또한 의류·패션 관련 업종도 겨울철 집중도가 높다. 감기에 많이 걸리는 계절인 만큼 이비인후과, 내과, 소아과 병원도 겨울철 객수가 많다.

냉면집 월별 매출변화 　　　　단위: 만 원

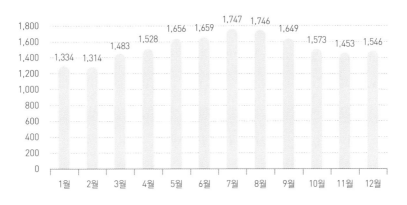

커피전문점 월별 매출변화　　　　단위: 만 원

1,334　1,314　1,483　1,528　1,656　1,659　1,747　1,746　1,649　1,573　1,453　1,546

1월　2월　3월　4월　5월　6월　7월　8월　9월　10월　11월　12월

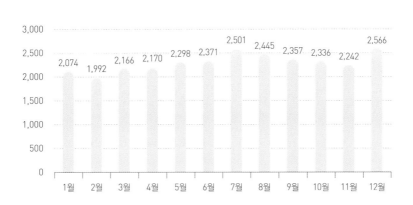

호프·맥주 월별 매출변화　　　　단위: 만 원

2,074　1,992　2,166　2,170　2,298　2,371　2,501　2,445　2,357　2,336　2,242　2,566

1월　2월　3월　4월　5월　6월　7월　8월　9월　10월　11월　12월

　　그렇다면 실제로 각 점포가 체감하는 월별 매출도 높을까? 여름
철 성수기 업종으로 점포당 월 매출이 얼마나 증가하는지 분석했다.
　　대표적 여름 성수기 업종인 냉면집, 커피전문점, 호프·맥주 업종의 월 매출 분석 결과, 그 사이에서도 집중도가 조금씩 달랐다. 냉면집처럼 여름 매출이 다른 시즌에 비해 월등히 높고(매출 최저·최고 월이 2배 이상 차이 나는 경우), 다른 시즌은 평이한 수준일 때 통계 용어로 'unimodal'이라 한다. 이는 점포 운영 역량을 한 시즌에만 집중하면 된다. 여름철이 아니더라도 교복(2월), 스키용품(12~1월)처럼 한 시점에만 매출이 집중되는 업종은 한철 장사에 집중하는 것이 유리하다.

그러나 커피전문점의 경우 조금 다르다. 여름 매출이 높기는 하지만 평균 매출 비중에 비해 10% 정도이기 때문에 월등하다고 보기 어렵다. 또 3월 신학기, 5월 가정의 달, 9월의 많은 이벤트, 12월 크리스마스·연말 등 다양한 시즌 이슈가 영향을 미치기 때문에 여름철에만 집중할 수 없다. 이 경우는 'multimodal' 업종으로 분류할 수 있다.

마지막으로 호프·맥주 업종은 또 다른 특징이 있다. 여름 성수기임이 분명하지만, 12월 매출이 가장 높다. 이는 'bimodal' 업종이라고 할 수 있다. 이 경우 여름에 한 번, 연말에 한 번 성수기를 두 번 맞는다. 또 다른 대표적 업종은 아이스크림이다. 일반적으로 아이스크림 업종은 마케팅 역량을 여름에 집중할 것 같지만, 실제로는 연말(12월)에 더 많은 역량을 투자한다.

성수기 따로 맞이하는 지역이 있다

이번에는 전국 시·군·구 대상으로 지역별 집중도를 비교했다. 전반적으로 여름 매출이 높기 때문에 7~8월과 12~1월 매출 집중도를 비교했다.

전국 시·군·구별 여름철·겨울철 성수기 지역 비중

단위: 개소, %

매출비중 (2개월 합산 16.7% 기준)	여름철(7~8월) 성수기 맞는 지역 수	비중	겨울철 (12~1월 성수기 맞는 지역 수)	비중
20% 이상	9	3.9	3	1.3
19~20%	13	5.7	1	0.4
18~19%	23	10	1	0.4
17~18%	146	63.8	37	16.2
16~17%	38	16.6	135	59
15~16%	0	0	32	14
14~15%	0	0	10	4.4
13~14%	0	0	7	3.1
12~13%	0	0	1	0.4
11~12%	0	0	1	0.4
10~11%	0	0	0	0
10% 이하	0	0	1	0.4
합계(전국 시군구)	229	100	229	100

　　분석 결과 전국 229개 행정구역 중 221개 구역(96.5%)에서 여름 매출이 월별 평균(2개월 합산) 이상이었다. 겨울 매출 중 월별 평균 이상인 지역이 103개(45.0%)인 것에 비하면, 전반적으로 여름 매출이 높다는 것을 확인할 수 있다. 여름 매출이 특히 높은 지역은 '여름철 매출 집중도가 높은 지역'(96쪽)과 같다.

　　여름 매출이 높은 상위 20%(45개 지역) 내 지역을 분석한 결과, 강원도의 시·군·구가 가장 많았고, 뒤이어 경기도, 전라남도, 경상남

여름철 매출 집중도가 높은 지역　　　　　단위: %

순위	지역	여름철(7~8월) 매출 비중	평균대비 (16.7% 기준) 집중도	등급
1	강원도 양양군	26.5	9.8	1
2	강원도 고성군	24.8	8.1	1
3	경상북도 울릉군	22.7	6.1	1
4	강원도 영월군	21.4	4.8	1
5	강원도 평창군	21.0	4.3	1
6	경기도 가평군	20.6	4.0	1
7	전라남도 신안군	20.4	3.7	1
8	강원도 속초시	20.2	3.5	1
9	경상남도 남해군	20.t	3.3	1
10	강원도 삼척시	19.9	3.2	2
11	경기도 연천군	19.7	3.0	2
12	강원도 정선군	19.6	3.0	2
13	강원도 인제군	19.5	2.8	2
14	경상남도 산청군	19.4	2.7	2
15	충청남도 태안군	19.3	2.7	2
16	경상북도 봉화군	19.2	2.5	2
17	강원도 태백시	19.2	2.5	2
18	경상남도 합천군	19.1	2.5	2
19	전라북도 고창군	19.1	2.4	2
20	인천광역시 옹진군	19.1	2.4	2
21	강원도 양구군	19.0	2.4	2
22	강원도 화천군	19.0	2.3	2

23	전라남도 담양군	19.0	2.3	3
24	강원도 홍천군	18.9	2.2	3
25	충청남도 보령시	18.8	2.1	3
26	강원도 철원군	18.7	2.0	3
27	전라북도 무주군	18.6	2.0	3
28	강원도 횡성군	18.5	1.9	3
29	경기도 양평군	18.5	1.9	3
30	경상북도 울진군	18.5	1.9	3
31	충청북도 단양군	18.5	1.8	3
32	강원도 강릉시	18.5	1.8	3
33	전라남도 장흥군	18.5	1.8	3
34	전라남도 완도군	18.5	1.8	3
35	전라북도 장수군	18.4	1.8	3
36	강원도 동해시	18.4	1.7	3
37	전라남도 여수시	18.3	1.6	3
38	경상남도 함양군	18.3	1.6	3
39	충청북도 괴산군	18.2	1.5	3
40	충청북도 영동군	18.2	1.5	3

도, 경상북도 순이었다. 여름철 기온이 낮고, 물놀이가 가능한 관광 도시 지역이 순위권에 올랐다고 할 수 있다.

반대로 겨울 매출이 높은 지역은 부산, 전남, 대구 순이었다. 전 국 주요 스키장이나 해돋이 명소 같은 관광지를 제외하면 대부분

겨울철 매출 집중도가 높은 지역   단위: %

순위	지역	겨울철(12~1월) 매출 비중	평균대비 (16.7% 기준) 집중도	등급
1	전라북도 무주군	23.4	6.7	1
2	경상북도 영덕군	20.4	3.8	1
3	강원도 평창군	20.4	3.7	1
4	강원도 정선군	19.0	2.4	2
5	경상북도 울진군	18.0	1.3	3
6	부산광역시 중구	18.0	1.3	4
7	전라남도 진도군	18.0	1.3	4
8	충청남도 청양군	17.7	1	4
9	전라남도 해남군	17.7	1	4
10	광주광역시 서구	17.5	0.8	4
11	전라남도 고흥군	17.4	0.7	4
12	부산광역시 동구	17.3	0.7	4
13	전라남도 보성군	17.3	0.7	4
14	부산광역시 부산진구	17.3	0.7	4
15	서울특별시 동작구	17.3	0.6	4
16	경상남도 거창군	17.3	0.6	4
17	서울특별시 강남구	17.3	0.6	4
18	대전광역시 서구	17.3	0.6	4
19	부산광역시 연제구	17.2	0.6	4
20	부산광역시 기장군	17.2	0.5	4
21	충청북도 증평군	17.2	0.5	4
22	경상남도 의령군	17.1	0.5	4

23	부산광역시 수영구	17.1	0.5	4
24	강원도 동해시	17.1	0.4	4
25	부산광역시 북구	17.1	0.4	4
26	전라남도 목포시	17.1	0.4	4
27	경상북도 포항시	17.1	0.4	4
28	울산광역시 북구	17.1	0.4	4
29	부산광역시 영도구	17.1	0.4	4
30	대전광역시 중구	17.1	0.4	4
31	대구광역시 달서구	17.0	0.4	4
32	서울특별시 강북구	17.0	0.4	4
33	광주광역시 남구	17.0	0.4	4
34	울산광역시 남구	17.0	0.4	4
35	부산광역시 사상구	17.0	0.4	4
36	대구광역시 수성구	17.0	0.4	4
37	부산광역시 동래구	17.0	0.3	4
38	서울특별시 마포구	17.0	0.3	4
39	대구광역시 남구	17.0	0.3	4
40	대구광역시 중구	17.0	0.3	4

따뜻한 남쪽 지역이었다.

다음으로는 지역별 여름철, 겨울철 집중도를 비교했다. 그 결과 여름 우세 지역은 확실히 겨울보다 여름 매출 집중도가 높았다. 반면, 겨울 우세 지역은 여름이라도 매출 비중이 현저히 낮아지지는

겨울철보다 여름철이 우세한 지역　　　　단위: %

지역	7~8월 매출 비중	등급	12~1월 매출 비중	등급	등급 차(여름우세)
경상북도 울릉군	22.7	1	9.6	11	10
전라남도 신안군	20.4	1	11.8	10	9
강원도 양양군	26.5	1	13.4	8	7
강원도 영월군	21.4	1	13.7	8	7
경기도 가평군	20.6	1	13.7	8	7
인천광역시 옹진군	19.1	2	12.6	9	7
강원도 고성군	24.8	1	14.0	7	6
충청남도 태안군	19.3	2	13.4	8	6
전라북도 고창군	19.1	2	13.5	8	6
경상남도 남해군	20.0	1	15.4	6	5
경기도 연천군	19.7	2	15.0	7	5
강원도 인제군	19.5	2	14.5	7	5
강원도 양구군	19.0	2	14.9	7	5
충청북도 단양군	18.5	3	13.4	8	5
강원도 속초시	20.2	1	17.0	5	4
경상남도 산청군	19.4	2	15.2	6	4
경상북도 봉화군	19.2	2	15.9	6	4
경상남도 합천군	19.1	2	15.9	6	4
전라남도 담양군	19.0	3	14.4	7	4
충청북도 괴산군	18.2	3	14.3	7	4
전라남도 곡성군	17.5	4	13.3	8	4

여름철보다 겨울철이 우세한 지역　　　　단위: %

지역	7~8월 매출 비중	등급	12~1월 매출 비중	등급	등급 차(겨울우세)
경상북도 영덕군	17.7	4	20.4	1	- 3
전라북도 무주군	18.6	3	23.4	1	- 2
대전광역시 서구	16.9	5	17.3	4	- 1
대구광역시 중구	16.9	5	17.0	4	- 1
대전광역시 동구	16.9	5	17.0	4	- 1
광주광역시 서구	16.7	5	17.5	4	- 1
서울특별시 동작구	16.7	5	17.3	4	- 1
전라남도 보성군	16.7	5	17.3	4	- 1
충청남도 청양군	16.4	5	17.7	4	- 1
부산광역시 중구	16.4	5	18.0	4	- 1
경상남도 의령군	16.3	5	17.1	4	- 1

 여름과 겨울 두 번 성수기를 갖는 지역　　　　단위: %

지역	7~8월 매출 비중	등급	12~1월 매출 비중	등급
강원도 평창군	21.0	1	20.4	1
강원도 정선군	19.6	2	19.0	2
전라북도 무주군	18.6	3	23.4	1
경상북도 울진군	18.5	3	18.0	3
경상북도 영덕군	17.7	4	20.4	1

않았다. 또 여름 우세 지역이 관광 관련 지방 소도시라면, 겨울 우세 지역은 특수한 경우를 제외하면 대부분 내륙 도심지라는 특징도 나타났다.

마지막으로 여름과 겨울, 두 번 성수기가 나타나는 지역(101쪽)을 보자. 평창, 정선, 무주, 울진, 영덕 5개 지역이었는데 표에 나타나듯이 7~8월과 12~1월 두 번 매출 비중이 높게 나타났다. 영덕, 울진 지역은 게요리가 유명한 지역이다. 계절 특성이 있는 지역 특산물 판매 지역은 연중 두 번 성수기를 가질 수도 있음을 보여준다.

평창군 월별 매출비중

단위: %

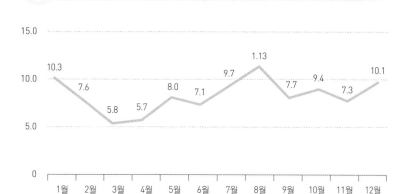

정선군 월별 매출비중

단위: %

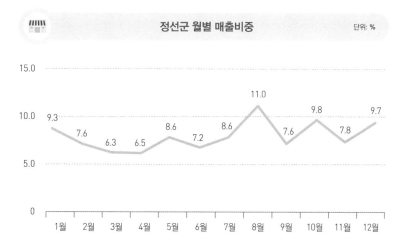

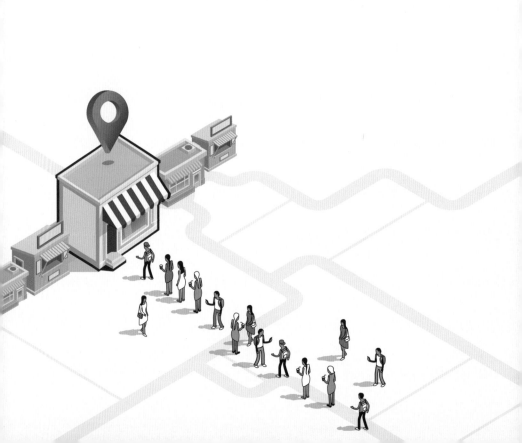

막막한 입지선정,
어떻게 할까?

'형만한 아우'
청출어람 상권 찾기

Point

- 지리적으로 확장 가능성 있고, 수요가 풍부한 대형 상권은 주변 지역으로 상권 범위 확장 가능함(대표적으로 강남, 홍대, 이태원 상권)
- 확장된 파생 상권은 기존 상권과 유사하게 형성되거나 메인 상권이 충족하지 못한 기능을 보완하는 형태로 발달
- 파생 상권이 메인 상권과 보완 관계에 있는 경우 시너지 효과 발생, 유사한 기능으로 발달하는 경우에는 경쟁 관계 발생
- 기존 상권의 규모, 성장성, 발달 방향을 고려하여 파생 상권을 예측하고 파생 상권에서 유행할 업종으로 창업·이전을 고려하는 것은 좋은 기회가 될 수 있음

이렇게 분석했습니다

- 기간: 2016~2018년
- 대상: 파생 상권이 나타나는 강남, 홍대, 이태원의 주요 업종 분석
- 강남, 홍대, 이태원 주요 상권과 인근 파생 상권을 구분해 각 상권의 성격을 파악할 수 있도록 상권별 매출 상위 업종 분석. 최근 3년간 업종별 매출액 변화를 토대로 주요 상권과 파생 상권이 어떤 영향을 주고받으며 성장했는지 조사함

상권 낙수효과를 누려보자

경제 용어 중 낙수효과落水效果라는 말이 있다. 고소득층이나 대기업의 부를 늘려주면, 이들의 성장이 재투자로 이어져 결국 사회 전반에 경제적 혜택이 돌아간다는 것이다. 상권 단위에서 낙수효과란 대형 상업시설(백화점, 대형마트 등), 대박집 인근 경제가 활성화됨을 말한다. 예를 들어, 점심식사하려고 맛집을 방문했는데, 대기줄이 너무 길어 주변 다른 식당으로 발길을 돌리는 경우다. 이때 주변 식당은 쏠쏠한 낙수효과를 보는 셈이다.

상권 단위 낙수효과 사례는 흔하지 않지만, 한번 발생하면 상권 확대(거대화)로 이어지며 국내 소비경제를 뒤흔들만한 영향력을 갖기 때문에 중요하다. 상권 단위 낙수효과의 판단 기준은 시간이 흐르면서 기존 상권 주변으로 새로운 상권 영역이 추가·확대됨을 관찰할 수 있느냐다. 이때 상권 영역이 지리적으로 인접한지, 점차 확대되는지, 기존에 없었던 영역인지가 중요하다. 이렇게 형성된 상권을 파생 상권이라 한다.

초기에 파생 상권으로 시작했지만, 시간이 지나면서 주요 상권으로 자리 잡는 경우도 있다. 서울 강남구 신사동 가로수길은 초기에 압구정동의 파생 상권으로 인식됐지만, 현재는 독자적인 상권으로 발돋움했다고 볼 수 있다. 상권의 업종 구성과 특징 때문에 기존 상권과는 별도의 소비성향을 가진 고객층이 유입되기 때문이다.

낙수효과가 나타났다고 보기 어려운 상권도 있다. 예를 들어, 서울 각 권역을 책임지고 있는 대형 상권, 즉 서부의 강서구청·화곡, 서남부의 신림, 남부의 사당·이수, 동남부의 신천·잠실 등은 대형 상권임에도 낙수효과가 나타났다고 보지 않는다. 가장 큰 이유는 낙수효과가 나타날 만큼 상권의 수요가 넘치지 않기 때문이다. 지리적인 편중성(서울시 외곽에 위치하는 경우 수요가 집중되기 어려움)과 단절 요인(도로, 대형시설, 교통시설, 공원, 학교, 산 등으로 상권 확대가 어려운 경우) 때문이다. 또한 서울 시내 '시청, 종로, 명동, 남대문, 광화문, 인사동, 을지로' 같은 주요 상권은 낙수효과가 나타났다고 하지 않는다. 실제 서로 밀접한 연관성을 갖고 교차 소비가 일어날 수도 있다. 하지만 명동을 종로의 파생 상권이라고 부르지 않는 이유는 두 상권 모두 특징이 뚜렷하고 형성 시기가 오래됐기 때문이다.

낙수효과로 해석할 수 있는 상권은 크게 강남, 홍대, 이태원 주변이다. 강남, 홍대는 국내 1, 2위를 다투는 규모의 상권이다. 따라서 수요가 넘쳐 주변으로 확장됐다. 이태원은 유행에 민감한 상권인 만큼 신선한 콘셉트의 점포가 주변 지역으로 늘어났다. 형성 시기와 모양새는 조금씩 다르지만 세 상권 모두 클럽문화와 주점 수요가 폭발적이었던 시기에 확장되었다는 공통점이 있다.

파생 상권의 점포는 2가지 성격으로 갈라진다. 보통 파생 상권은 주요 상권의 부족한 기능을 채운다. 따라서 두 상권은 보완관계가 된다. 이렇게 보완관계로 남을지, 기존 상권을 뛰어넘어 고객을 나눌지는 상권 구성에 따라 다르다. 전자의 경우 서로 시너지 효과를 내면서 상권 영역이 확대된다. 후자의 경우 상권이 나뉘고 나아가 경쟁관계가 되기도 한다(혹은 반짝 활성화되다가 다시 기존 상권으로 흡수되는 경우도 있다). 이를 통해 상권의 발달모습, 생애주기, 유행 등을 관찰할 수 있다.

국내 최대의 매출 규모, 강남 상권

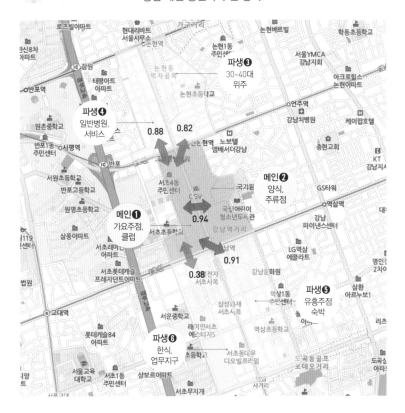

강남 메인 상권과 주변 영역

국내에서 가장 큰 매출 규모와 활성도를 보이는 강남 상권은 전문가도 상권 영역을 명확히 규정하기 어렵다고 말한다. 중간 중간 비활성화된 상권 영역이 없어 경계 구분이 힘들기 때문이다. 2호선을 따라 동서방향으로는 교대-강남-역삼-선릉-삼성까지 이어져 있고, 남북방향으로는 신사-논현-신논현-강남-양재가 이어져 있다.

매출 비중 순위	강남 메인 1상권 (강남역 10번~신논현역 6번)		강남 메인 2상권 (강남역 11번~신논현역 5번)	
	업종	873억 원/월	업종	882억 원/월
1	특화병원	37.5	특화병원	22.2
2	유흥주점	10.6	한식	11.7
3	한식	10.0	양식	7.8
4	간이주점	8.9	가전제품	7.8
5	일반병원	6.3	간이주점	5.2
6	미용서비스	4.1	의복·의류	4.7
7	일식·수산물	3.5	외국어학원	4.6
8	의약·의료품	3.3	미용서비스	4.1
9	고기요리	2.5	일식·수산물	3.7
10	종합소매점	1.5	의약·의료품	3.6
11	닭·오리요리	1.4	패션잡화	2.9
12	음·식료품소매	1.2	고기요리	2.9
13	커피·음료	1.2	일반병원	2.8
14	별식·퓨전요리	1.1	유흥주점	2.7
15	분식	1.0	닭·오리요리	2.2

강남 메인 상권 업종별 매출 비중 순위(2018년 말 기준) 단위: %

크게 압구정이나 청담에서부터 대치, 도곡까지 강남으로 분류하기
도 한다(여기서는 최소 범위의 강남역 주변과 남북방향 주변까지 강남 상권으로 규정
하였다).

일단 가장 활성화된 강남역부터 신논현역까지를 대로변으로 나

누어 메인 1, 2상권으로 규정하고, 북측으로 신논현역부터 논현역까지를 역시 대로변 따라 3, 4상권으로 나눴다. 반대로 강남역 남측으로 뱅뱅사거리까지를 대로변에 따라 5, 6상권으로 구분한다.

강남역 대로변을 따라 좌우로 나뉘어 있는 메인 상권은 특징이 명확하다. 주점이 즐비한 좌측 메인 1상권은 대로변 2~5층을 차지하고 있는 성형외과, 치과, 피부과 등 특화병원 매출 규모가 가장 크다. 또한 가요주점·클럽을 중심으로 한 유흥주점, 호프·맥주, 포장마차, 이자카야, 민속주점 등 간이주점 업종도 높은 매출을 차지하고 있다. 고깃집, 수산물, 치킨, 커피 같은 업종도 뒤이어 등장한다. 상권 특징은 한마디로 '젊은이의 밤 문화(주점)'라 할 수 있다.

대로변 기준 우측 메인 2상권은 '소개팅 명소(식당)'로 정의할 수 있다. 물론 2상권도 주점이나 주류 위주 식당이 많고 매출도 높다. 하지만 국내에서 가장 많은 소개팅이 성사되는 만큼 양식 업종 비중이 3위에 오른 것을 확인할 수 있다. 이를 뒷받침하듯 강남에서 유일하게 영화관이 있고, 분위기 좋은 카페나 요리주점이 많으며, 맛집 깃발이 가장 많이 꽂히는 상권이기도 하다.

메인 상권이 젊은이의 밤 문화와 소개팅 명소로 호황을 누리기는 했지만, 모든 고객층의 수요를 충족한 것은 아니었다. '시끄럽지 않고', '데이트 목적'이 아니면서 강남 모임을 갖고자 하는 수요도 있기 때문이다. 대표적 사례가 30~40대 회식이다. 이 수요를 흡수하면서 성장한 상권이 논현동 먹자골목이다. 이제는 파생 상권 단계를 넘어 활성화된 상권으로 자리 잡았기 때문에 고객 연령대가 다양해졌다. 하지만 활성화 시작 당시에는 메인 상권보다 목표 연령

매출 비중 순위	강남 파생 3상권 (논현동 먹자골목)		강남 파생 4상권 (신논현역 2번~논현역 3번)	
	업종	530억 원/월	업종	207억 원/월
1	한식	22.1	일반병원	17.0
2	특화병원	9.6	유흥주점	15.9
3	유흥주점	8.6	한식	9.7
4	간이주점	8.2	미용서비스	8.0
5	고기요리	8.1	특화병원	6.3
6	일식·수산물	7.0	일식·수산물	5.7
7	일반병원	5.3	간이주점	4.5
8	음·식료품소매	3.5	일반스포츠	3.9
9	종합소매점	3.4	종합소매점	3.7
10	취미·오락	2.8	의약·의료품	3.5
11	의약·의료품	2.5	패션잡화	2.9
12	미용서비스	2.4	중식	2.8
13	양식	2.2	고기요리	2.1
14	닭·오리요리	1.7	닭·오리요리	2.1
15	패스트푸드	1.1	양식	1.5

층을 높게 잡은 점포가 주를 이뤘다. 대표 업종은 고깃집, 수산물요리(횟집, 조개찜) 등이다. 주점 분위기도 대체로 메인 상권에 비해 차분한 점포가 많다.

　강남역 남측 파생 상권은 유흥주점과 숙박업소 같은 점포로 구성

매출 비중 순위	강남 파생 5상권 (강남역 1번~뱅뱅사거리)		강남 파생 6상권 (강남역 8번~뱅뱅사거리)	
	업종	894억 원/월	업종	642억 원/월
1	유흥주점	20.2	한식	28.2
2	특화병원	16.5	일반병원	7.4
3	한식	14.5	특화병원	7.0
4	일식·수산물	5.1	일식·수산물	6.3
5	간이주점	3.8	유흥주점	4.3
6	일반병원	3.7	종합소매점	4.3
7	고기요리	3.7	중식	4.0
8	종합소매점	3.1	미용서비스	3.9
9	미용서비스	2.8	양식	3.8
10	중식	2.1	커피·음료	3.7
11	의약·의료품	2.0	의약·의료품	3.2
12	커피·음료	1.9	간이주점	3.1
13	양식	1.8	분식	2.9
14	닭·오리요리	1.8	별식·퓨전요리	2.8
15	요가·단전·마사지	1.8	가전제품	2.0

되었다. 메인 상권의 낙수효과를 누리려는 것이다. 먹자골목이라고 부르는 상권은 주류가 동반된 음식점, 간이주점과 유흥주점, 숙박 업소가 동시에 구성된 경우가 많다. 이 유흥주점, 숙박업소 상권을 남측이 담당하게 된 것이다. (국내 최대 상권인 강남의 유흥기능은 강남 상권 남

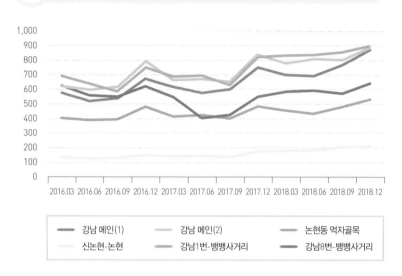

강남 메인(1)　　　강남 메인(2)　　　논현동 먹자골목
신논현-논현　　　강남1번-뱅뱅사거리　　　강남8번-뱅뱅사거리

측으로 발달했을 뿐만 아니라 업무지구가 밀집한 역삼, 선릉, 삼성 방면으로 넓게 분포함)

　강남의 메인 상권과 북측, 남측으로 뻗은 파생 상권은 보완관계를 이루면서 발달했다. 이 특징은 상권의 월별 매출변화 상관관계에서도 나타난다. 즉, 상권이 살아날 때 메인 상권과 파생 상권이 같이 살고, 경기가 어려울 때 같이 어려워진다는 뜻이다. 일부 업종이나 콘셉트가 비슷한 점포는 영역별로 경쟁관계에 있기도 하지만, 전체적으로는 고객층이나 소비목적을 나눠 가지면서 시너지를 내고 있다고 풀이할 수 있다.

상권 확장의 다양한 모습, 홍대 상권

홍대 메인 상권과 주변 영역의 상관관계

강남은 오래전부터 활성화된 상권이었고, 상업시설뿐만 아니라 업무지구가 밀집해 있었다. 따라서 상권이 비교적 오랜 시간을 두고 확장되는 모습을 보였다. 반면 홍대 상권은 2000년대 후반부터 빠르게 팽창했다. 이전에도 홍대입구역부터 홍대 정문까지는 활성화되었으나 국내 1, 2위를 다툴 정도의 초대형 상권 반열에 오른 지

매출 비중 순위	홍대 메인 상권 (8~9번 출구)		홍대 1~2번 출구	
	업종	634억 원/월	업종	204억 원/월
1	한식	13.7	한식	16.0
2	간이주점	12.8	유흥주점	11.8
3	고기요리	6.1	일반병원	10.5
4	유흥주점	6.0	간이주점	7.4
5	의복·의류	5.9	일식·수산물	7.1
6	미용서비스	5.2	패션잡화	5.4
7	양식	5.2	커피·음료	4.3
8	패션잡화	4.8	종합소매점	3.9
9	일식·수산물	4.8	미용서비스	3.3
10	종합소매점	4.5	특화병원	2.8
11	예체능계학원	4.4	고기요리	2.5
12	커피·음료	3.8	양식	2.4
13	분식	3.6	의약·의료품	2.3
14	닭·오리요리	2.9	요가·단전·마사지	2.3
15	특화병원	2.6	중식	2.0

는 그리 오래되지 않았다.

급격한 성장으로 수요가 넘치면서 자연스럽게 주변으로 상권이 확장되었다. 도로, 기찻길 등 지리적 단절 요인이 있었음에도 합정역, 상수역으로 번져나갔다. 트렌디한 상권으로 거듭난 연남동까

매출 비중 순위	상수역 주변		합정역 주변	
	업종	285억 원/월	업종	277억 원/월
1	간이주점	25.3	한식	19.5
2	한식	22.1	미용서비스	9.1
3	양식	9.5	간이주점	9.0
4	종합소매점	6.3	양식	8.1
5	일식·수산물	5.8	일식·수산물	5.4
6	유흥주점	4.6	고기요리	4.9
7	분식	4.3	커피·음료	4.9
8	미용서비스	4.2	패션잡화	4.6
9	커피·음료	2.7	의약·의료품	3.1
10	고기요리	2.6	종합소매점	2.8
11	의복·의류	1.9	패스트푸드	2.6
12	패스트푸드	1.5	의복·의류	2.5
13	닭·오리요리	1.5	분식	2.4
14	패션잡화	1.2	일반병원	2.4
15	취미·오락	1.2	특화병원	2.1

지, 홍대 상권 팽창은 상권 확장의 형태를 다양하게 보여준다.

　홍대 상권은 강남과 다르게 모든 기능이 홍대입구역 8~9번 출구의 메인 상권에 집중되어 있다. 클럽문화로 대표되는 유흥주점은 물론 크고 작은 간이주점이 밀집해 있고, 분위기 좋은 레스토랑, 카

매출 비중 순위	연남동	
	업종	184억 원/월
1	한식	21.5
2	양식	17.6
3	간이주점	14.8
4	종합소매점	7.4
5	일식·수산물	7.2
6	커피·음료	5.3
7	중식	3.7
8	유흥주점	3.3
9	분식	1.6
10	닭·오리요리	1.5
11	취미·오락	1.5
12	의약·의료품	1.4
13	미용서비스	1.4
14	인테리어·소품	1.3
15	광고·인쇄·인화	1.2

페, 의류·패션 모두 메인 상권을 기반으로 발달했다. 1~2번 출구에는 전자제품 매장, 브랜드 커피전문점, 대형 레스토랑이 입점했으나 도로의 영향으로 상권이 단절됐었다. 그러나 최근 상수, 합정 방면의 성장이 더뎌지면서 오히려 상권 입점 방향을 반대쪽인 홍대 1~2번 출구 쪽으로 잡고 있는 점포가 늘어나고 있다.

상수·합정 방면의 홍대 파생 상권은 메인 상권과 유사한 구성이면서도 그만의 특징을 가졌다고 볼 수 있다. 상수역은 특히 젊은 층 위주의 주점, 음식업이 발달했다. 메인 상권에서 이어지는 음식거리가 상수역 방면으로 이어지기 때문에 홍대하면 떠오르는 전통 주점, 양식, 수산물, 분식 등이 발달했다.

합정역 방면은 업종 구성에서 큰 차이가 없지만, 주 연령대와 객단가가 높은 점포로 구성되어 있다. 특히 합정역 3~4번 출구 도로 안쪽으로는 메인 상권에 비해 크고 고급화된 점포가 밀집해 있다.

이렇듯 상수·합정 방면은 홍대 메인 상권과 업종 구성이나 콘셉트가 유사하다. 홍대 상권은 국내 상권 중에서는 젊고 트렌디한 편

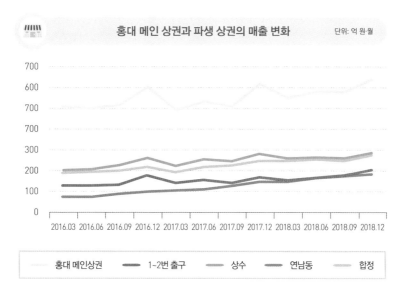

홍대 메인 상권과 파생 상권의 매출 변화   단위: 억 원·월

에 속한다. 하지만 대형 상권인 만큼 여러 고객의 수요를 동시에 만족시키기 위해 일반화된 맛, 취향, 서비스를 제공한다. 이에 비해 연남동 상권은 점포 특색이 명확하다. 각 점포는 마니아층을 찾아오게 만드는 효과가 있어 홍대 상권과는 전혀 다른 고객층이 유입되기도 한다.

앞서 상수, 합정, 연남동의 특징을 설명한 것과 같이 '홍대 메인 상권과 파생 상권의 매출변화' 수치로도 메인 상권과 파생 상권의 관계는 명확하게 드러난다. 상수·합정은 메인 상권과 비교적 유사한 매출변화를 보인다. 연남동 상권은 메인 상권과 연관성이 떨어지는 것으로 나타났다.

연남동 상권은 상권 형성 초부터 홍대 상권과 별개로 발달해 왔기 때문에 향후에도 별도의 상권으로 발달할 가능성이 높다. 상수·

합정 상권은 메인 상권과 비슷한 구성을 갖고 있으므로 고객을 세분화하여 나눠가질 수 있다. 이런 경우 상권의 중심이 이동할 수 있다. 기존 메인 상권은 업종 구성이나 콘셉트를 바꾸면서 변화할 수도 있다.

트렌드에 트렌드를 더한 이태원 상권

이태원 메인 상권과 주변 영역의 상관관계

앞서 언급했듯 강남, 홍대 메인 상권은 일반적인 콘셉트의 주점, 고깃집, 횟집, 양식, 분식, 커피전문점 등이 갖춰진 상태에서 트렌디하고 독특한 점포가 추가되었다. 반면 이태원 상권은 메인 상권

이태원 주요 상권 업종별 매출 비중(2018년 말 기준)

단위: %

매출 비중 순위	이태원 메인 상권		한남동	
	업종	390억 원/월	업종	102억 원/월
1	한식	22.1	한식	38.1
2	양식	20.5	양식	12.8
3	간이주점	20.0	종합소매점	10.3
4	유흥주점	8.9	간이주점	8.4
5	의복·의류	4.4	일식·수산물	5.5
6	종합소매점	4.0	의복·의류	4.6
7	패션잡화	3.0	커피·음료	2.7
8	고기요리	2.5	패션잡화	2.4
9	패스트푸드	2.3	제과·제빵·떡·케이크	2.3
10	분식	1.7	미용서비스	2.2
11	일식·수산물	1.4	음·식료품소매	1.7
12	의약·의료품	1.3	닭·오리요리	1.5
13	중식	1.3	분식	1.4
14	미용서비스	1.2	패스트푸드	1.2
15	닭·오리요리	0.9	중식	1.1

부터 일반적이지 않은 콘셉트의 외국 음식점, 점포가 많다. 최근 국내 외식 트렌드는 청담동, 연남동, 이태원에서부터 시작되는 경우가 많다. 그중에서도 이태원은 단연 외식시장의 시험무대라고 불리기에 손색이 없다. 인도, 태국, 일본, 유럽식 등 외국 요리는 물론 동네에서도 쉽게 즐길 수 있는 크래프트 맥주, 피자, 수제버거, 추로

스 가게와 요리주점을 표방하는 이자카야 주점 등은 이태원에 1호점이 있다.

'이태원 주요 상권 업종별 매출 비중'(121쪽)을 살펴보면, 양식과 주점 등 음식 업종이 눈에 띈다. 의류·패션잡화도 높은 비중이다. 반면 한남동 부근에는 직장, 병원, 학교 등 영향으로 주점보다 낮 시간대 위주의 한식, 커피·음료 비중이 더 높다. 또 같은 주점이나 양식 업종이라 하더라도 타깃 연령대를 높인 점포가 많다. 메인 상권보다 일식·수산물 같은 30~40대 위주 업종 비중이 높다.

이태원은 메인 상권이나 파생 상권 모두 특색 있는 점포로 구성되어 있다. 반면 분위기 측면에서는 다른 모습을 보인다. 강남역도 대로변을 두고 양쪽 상권의 특징이 나뉘듯이 말이다. 이태원 메인 상권은 클럽, 주점이 즐비하다. 경리단길 주변으로 발달하고 있는 파생 상권은 데이트 코스의 업종과 콘셉트를 갖고 있다. 이 파생 상권은 지리적 여건상 발달하기 어려운 구조임에도 불구하고 골목마다 분위기 좋은 음식점이 자리 잡았다. 4~5년 전만 해도 가장 뜨거웠던 상권은 경리단길이었는데, 최근에는 주변의 회나무길, 건너편 해방촌까지 맛집이 자리 잡으며 성장하고 있다.

매출 규모를 살펴보면, 아직은 이태원 메인 상권의 집중도가 크다는 것을 확인할 수 있다. 재미있는 것은 상권 간 상관관계다. 이태원과 한남동 상권은 연결된 상권인 만큼 높은 연관성이 있는 것으로 분석된다. 경리단길도 이태원 메인 상권과 어느 정도 비슷하게 움직인다고 볼 수 있다. 하지만 해방촌, 회나무길은 이태원 메인 상권과 큰 연관이 없는 것으로 보인다. 대신 이들은 경리단길 매출과

매출 비중 순위	경리단길		회나무길(장진우거리)		해방촌	
	업종	100억 원/월	업종	11억 원/월	업종	23억 원/월
1	종합소매점	17.8	스포츠·레저용품	25.2	한식	22.0
2	양식	14.7	양식	14.4	양식	21.6
3	한식	14.7	한식	12.2	종합소매점	15.4
4	간이주점	8.6	간이주점	10.0	패스트푸드	13.6
5	커피·음료	6.6	종합소매점	9.0	간이주점	11.3
6	음·식료품소매	5.2	패션잡화	5.8	수의업	4.8
7	중식	4.4	의복·의류	5.4	음·식료품소매	4.6
8	의복·의류	3.9	선물·완구	5.1	일식·수산물	2.1
9	고기요리	2.0	커피·음료	4.0	일반병원	1.2
10	일식·수산물	2.0	음·식료품소매	3.6	의약·의료품	1.2
11	의약·의료품	1.9	일식·수산물	1.3	선물·완구	0.8
12	분식	1.8	외국어학원	1.2	분식	0.5
13	닭·오리요리	1.7	건강·미용식품	1.0	커피·음료	0.4
14	미용서비스	1.6	미용서비스	0.6	악기·기념품	0.3
15	광고·인쇄·인화	1.6	세탁·가사서비스	0.6	인테리어·소품	0.2

이태원 파생 상권 업종별 매출 비중 순위(2018년 말 기준) 단위: %

더 밀접하게 연관되어 있는 것을 확인할 수 있다. 즉, 회나무길, 해
방촌은 이태원 상권의 직접적인 파생이라기보다 1차 파생된 경리단
길 상권에서 다시 2차로 파생된 상권이라고 보는 것이 적합하다는
뜻이다.

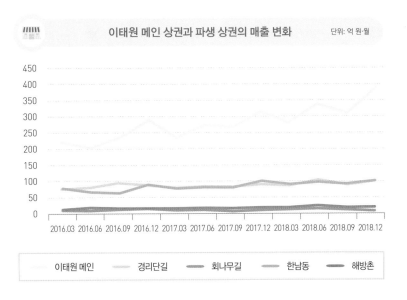

이태원 메인 상권과 파생 상권의 매출 변화   단위: 억 원·월

범례: 이태원 메인 / 경리단길 / 회나무길 / 한남동 / 해방촌

마지막으로 이태원 상권은 홍대 상권 발달 양상과 다르게 파생 상권보다 메인 상권의 성장률이 더 높은 것을 확인할 수 있다. 이는 메인 상권의 주요기능이 분화되면서 메인 상권과 파생 상권이 고객을 나누는 형태가 되었는지(홍대), 혹은 메인 상권은 그대로 기능을 다 하면서 다른 기능들이 주변으로 퍼진 것인지(이태원, 강남)의 차이라고 볼 수 있다.

업종에 맞는
핫한 지역은 어디일까?

Point

• 업종에 따른 창업 유망지역을 파악하면 입지 선정 성공률이 2배!

• 음식업 성장 지역
: 연남동, 문정동, 망원동, 낙성대동, 가양동, 오동동, 한남동 (신도시)물금읍, 비전동, 불당동, 고운동

• 교육업 성장 지역
: 위례동, 송도, 하남, 하대동(병원, 제과점, 분식, 세탁소, 미용실 등 주거형 업종 입점도 유리)

• 고깃집 성장 지역
: 온천동, 진천동, 연수동, 용현동, 호수동(진입시기가 주점, 커피·음료, 한식 등에 비해 늦게 형성되는 특수 업종)

• 숙박업 성장지역
: 강릉, 대천, 태안, 제주, 춘천(주점, 먹자골목 위주의 위락시설 주변에서 신규 관광지역으로 이동하는 추세)

이렇게 분석했습니다

• 기간: 2018년 상반기(하반기 매출은 연말특수 영향이 커서 제외함)

• 대상: 업종별 기존 활성화 상권과 신흥 상권 비교

• 출처: 나이스지니데이타

자영업 위기를 불러온 3가지 원인

요즘 자영업 위기가 화두다. 최저임금 인상, 높은 공실률, 휴·폐업률 증가 등 자영업 위기 관련 뉴스가 하루에도 수십 건 쏟아진다. 승승장구하던 상권과 브랜드도 예외는 아니다. 주요 상업 지역의 대로변 1층 점포가 공실인 경우도 어렵지 않게 볼 수 있다. 대형 브랜드가 확장을 줄이고 내실을 다지기 시작했다는 소식도 들린다.

자영업 시장 위기론은 어제오늘 일이 아니다. 경쟁력 없는 점포가 탄탄한 유통구조와 마케팅력을 갖춘 점포에 밀리면서 운영이 어려워진 것은 오래다. 각 업종이 포화상태에 접어들었다는 이야기도 2000년대 초반부터 나왔다. 기업도 마찬가지다. 조금이라도 맛이 없거나, 비싸거나, 기업 이미지에 타격을 주는 사건으로 소문이 나면 오랜 기간 공들여 쌓아 올린 브랜드 가치가 순식간에 바닥으로 떨어진다.

전문가는 이런 문제가 쏟아지는 이유를 3가지로 말한다.

첫 번째 이유는 재화나 서비스 판매채널이 기하급수적으로 늘어나 무한경쟁체제에 진입했기 때문이다. 각 점포는 경쟁요소를 모두 갖춰야 살아남을 수 있게 됐다. 예를 들어보자. 과거 스파게티는 자주 먹을 수 있는 음식이 아니었다. 특별한 날 양식 전문점을 찾아 즐기는 고급음식에 속했다. 그러나 이제는 동네 분식집에서도 쉽게 먹을 수 있는 음식이 됐다. 편의점에서 즉석음식으로도 즐길 수 있다. 스파게티가 양식 전문점의 전유물이 아닌 일반 음식으로 바뀌며 소비자 눈높이도 상향 평준화됐다. 이로 인해 스파게티 전문점이 살아남기 위해서 높은 품질, 분위기, 서비스, 합리적인 가격 등 충족해야 할 요소가 다양해졌다. 경쟁요소를 충족시키지 못하는 점포가 도태되는 현상은 어찌 보면 당연하다.

두 번째 이유는 과거에 비해 몇 배는 짧아진 업의 생애주기 때문이다. 정확히 말하면, 짧아진 생애주기를 따라가지 못하는 시장의 대응 때문이다. 소비자 유행은 1년, 짧게는 6개월이면 바뀌고 있다. 하지만 점포는 한발 늦게 진입하고, 두세 발 늦게 빠지고 있다. 과거 외식업은 좋은 아이템, 경쟁력만 갖춘다면 기본 3년에서 길게는 5년까지 안정적으로 운영할 수 있었다. 최근에는 2년, 짧으면 1년 안에도 유행이 바뀌는 것을 확인할 수 있다. '후라이드 반, 양념 반'이면 충분하던 20년 전 치킨 시장과 비교하여 최근 5년 내에 등장했던 '파닭, 닭강정, 저가 통닭, 매운맛 치킨' 등 키워드 유행 주기를 살펴보면 업의 생애주기가 얼마나 빨라졌는지 체감할 수 있다.

마지막으로 최근 자영업 시장에 등장한 '검색'이라는 단어 때문이다. '무한경쟁체제'나 '업의 주기가 짧아지는 현상'을 만들어낸 근본적 원인이 검색과 관련 있다. 소비자는 검색으로 쏟아지는 수많은 정보와 평판을 보고 소비한다. 요즘 자영업 시장에서는 우스갯소리로 '온라인 마케팅 비용을 책정하는 만큼 매출이 나온다'는 말이 나온다. 온라인 노출 횟수와 평판이 중요한 시대라는 것을 반증한다. 좋은 서비스, 품질, 맛을 가지고 있다 해도 검색되지 않는 점포는 도태되기 쉽다. 자영업 점주들은 아직 온라인 마케팅에 익숙하지 않고, 심지어 무관심하기 때문에 손님 발길을 끌기가 점점 더 어려워지고 있다.

결국 위기를 대처하기 위해서는 정보력을 갖추는 것이 중요하다.

무한경쟁체제에서 짧아진 업의 주기를 쫓아가며 고객의 요구 사항이 무엇인지 빠르게 잡아내지 못한다면 시장에서 살아남을 수 없다. 다행인 것은 이렇게 빠른 시장 변화를 인지할 수 있도록 빅데이터가 쌓이고 있다는 점이다.

유행 이끄는 트렌디한 맛집은 어디에 있나?

자영업 시장에서 유행을 말할 때 특색 있는 맛집을 가장 먼저 이야기한다. 편의점, 한식집, 커피전문점처럼 어디에서나 찾아볼 수 있는 업종은 밀집하기도 힘들뿐더러 특성화시키기 어렵기 때문이다. 따라서 특이한 맛집이 상권의 급격한 성장을 주도하는 경우가 많다. 이런 업종에는 양식, 일식, 주점 등이 있다.

주점, 양식, 일식 업종을 분석한 결과 기존 활성화 지역(시장규모가 큰 지역)은 익히 알고 있는 홍대, 강남, 이태원, 종로, 신촌 등이었다. 업종에 따라 조금씩 순위가 다르긴 하지만 익숙한 지역이다. 최근 2년 간 점포수가 급격히 증가하면서 유행의 아이콘으로 떠오른 지역은 연남동, 문정동, 망원동, 낙성대동 등이다. 또 신도시로 급부상한 물금읍, 비전동, 불당동, 고운동도 눈에 띈다. 최근 성장하는 상권으로 가장 많이 언급되는 연남동, 문정동은 향후 발달추이를 지켜볼 필요가 있다. 가양동, 오동동, 한남동 역시 성장세를 기대해볼만한 상권으로 꼽힌다.

128

주점 활성화 지역

순위	지역	점포 수	순위	지역	2018년 상반기 총 추정 매출
1	서울 마포구 서교동	330	1	서울 마포구 서교동	1,149억 1,871만 원
2	서울 종로구 종로1.2.3.4가동	187	2	서울 강남구 역삼1동	735억 3,979만 원
3	서울 서대문구 신촌동	170	3	서울 종로구 종로1.2.3.4가동	588억 3,484만 원
4	서울 광진구 화양동	153	4	광주 서구 치평동	545억 4,846만 원
5	광주 북구 용봉동	150	5	부산 부산진구 부전2동	508억 4,526만 원
6	전남 광양시 중마동	148	6	인천 부평구 부평5동	503억 1,634만 원
7	서울 강남구 역삼1동	145	7	서울 광진구 화양동	480억 1,549만 원
8	부산 부산진구 부전2동	144	8	경기 수원시 인계동	467억 7,167만 원
9	제주 제주시 이도2동	135	9	서울 강남구 논현2동	438억 6,823만 원
10	광주 서구 치평동	131	10	경기 화성시 동탄3동	416억 7,413만 원

주점 점포당 월 매출 상위지역   주점 신흥 증가지역

순위	지역	2018년 상반기 점포당 월 매출	순위	지역	2년 내 증가 점포 수
1	서울 서초구 서초4동	1억 2,748만 원	1	서울 강서구 가양1동	44
2	경기 수원시 영통2동	1억 2,318만 원	2	경남 양산시 물금읍	40
3	서울 강남구 청담동	1억 499만 원	3	경기 평택시 비전1동	32
4	서울 강남구 논현2동	1억 322만 원	4	경기 의정부시 송산2동	27
5	서울 중구 소공동	9,867만 원	5	경남 창원시 오동동	25
6	경기 성남시 삼평동	9,823만 원	6	울산 남구 삼산동	22
7	경기 수원시 매탄3동	9,649만 원	7	서울 송파구 문정2동	20
8	인천 연수구 송도1동	9,559만 원	8	서울 용산구 이태원1동	19
9	인천 남동구 구월1동	8,886만 원		경기 시흥시 정왕4동	
10	서울 강남구 삼성2동	8,653만 원		부산 기장군 정관읍	

양식 활성화 지역

순위	지역	점포 수	순위	지역	2018년 상반기 총 추정 매출
1	서울 마포구 서교동	171	1	서울 강남구 역삼1동	536억 87만 원
2	서울 강남구 역삼1동	89	2	서울 마포구 서교동	417억 9,090만 원
3	울산 남구 삼산동	84	3	서울 강남구 청담동	413억 3,469만 원
4	서울 용산구 이태원1동	83	4	서울 용산구 이태원1동	345억 4,102만 원
5	서울 마포구 연남동	75	5	서울 용산구 한남동	297억 8,867만 원
6	서울 강남구 청담동	66	6	서울 서초구 반포4동	269억 4,518만 원
7	서울 종로구 종로1.2.3.4가동	62	7	서울 종로구 종로1.2.3.4가동	246억 9,107만 원
8	서울 용산구 한남동	59	8	서울 강남구 신사동	232억 1,222만 원
9	경남 창원시 상남동	55	9	서울 강남구 압구정동	202억 7,583만 원
10	서울 용산구 이태원2동 서울 강남구 신사동	53	10	울산 남구 삼산동	167억 7,059만 원

양식 점포당 월 매출 상위지역

순위	지역	2018년 상반기 점포당 월 매출
1	인천 연수구 송도2동	1억 2,891만 원
2	인천 서구 신현원창동	1억 1,977만 원
3	서울 서초구 서초2동	1억 1,300만 원
4	서울 강남구 대치4동	1억 1,137만 원
5	서울 서초구 반포4동	1억 693만 원
6	경기 수원시 매탄3동	1억 481만 원
7	경기 수원시 영통3동	1억 436만 원
8	서울 강남구 청담동	1억 412만 원
9	서울 서초구 방배2동	1억 372만 원
10	서울 서초구 서초4동	1억 257만 원

양식 신흥 증가지역

순위	지역	2년 내 증가 점포 수
1	서울 마포구 연남동	56
2	서울 마포구 서교동	43
3	서울 마포구 망원1동	31
4	서울 용산구 이태원1동	22
5	서울 용산구 한남동 전북 전주시 중앙동	21
7	서울 마포구 합정동	18
8	서울 관악구 낙성대동 부산 수영구 민락동	17
10	세종 세종시 고운동	15

일식 활성화 지역

순위	지역	점포 수	순위	지역	2018년 상반기 총 추정 매출
1	서울 마포구 서교동	91	1	서울 강남구 역삼1동	306억 7,490만 원
2	서울 강남구 역삼1동	59	2	서울 마포구 서교동	260억 2,019만 원
3	서울 영등포구 여의동	45	3	서울 서초구 서초2동	206억 8,540만 원
4	부산 부산진구 부전2동	40	4	서울 영등포구 여의동	169억 17만 원
5	인천 강화군 길상면	37	5	서울 강남구 신사동	156억 9,413만 원
5	서울 마포구 연남동	37	6	서울 강남구 청담동	148억 5,687만 원
7	서울 강남구 신사동	35	7	서울 용산구 한강로동	141억 2,248만 원
7	울산 남구 삼산동	35	8	서울 강남구 압구정동	133억 9,841만 원
9	서울 중구 명동	33	9	서울 종로구 종로1.2.3.4가동	128억 7,126만 원
10	강원 강릉시 주문진읍	31	10	울산 남구 삼산동	127억 5,720만 원

일식 점포당 월 매출 상위지역 / 일식 신흥 증가지역

순위	지역	2018년 상반기 점포당 월 매출	순위	지역	2년 내 증가 점포 수
1	서울 서초구 서초2동	2억 480만 원	1	서울 마포구 연남동	26
2	대구 수성구 두산동	1억 887만 원	2	서울 마포구 서교동	22
3	서울 용산구 한강로동	1억 539만 원	2	서울 강서구 가양1동	22
4	서울 중구 소공동	1억 417만 원	4	부산 부산진구 부전2동	15
5	인천 부평구 부평5동	9,914만 원	5	서울 마포구 합정동	13
6	서울 서초구 서초4동	9,794만 원	5	충남 천안시 불당동	13
7	서울 송파구 방이1동	9,757만 원	7	서울 마포구 서강동	12
8	서울 용산구 이촌1동	9,618만 원	8	울산 남구 삼산동	11
9	서울 강남구 압구정동	9,502만 원	9	서울 강남구 신사동	10
10	서울 강남구 청담동	9,171만 원	9	대구 중구 성내1동	10

제2의 대치동을 찾아라

교육업 활성화 상권을 살펴보자. 예체능계 학원은 홍대 근처 미술학원을 제외하면 대부분 주거밀집 지역(용인, 수원, 성남)에 분포한다. 대형 학원은 강남 3구에 밀집한 것이 일반적이었지만, 최근 신도시 위주로 급격히 몰리고 있다. 즉, 외국어학원, 교과학원의 경우 대치동, 목동, 일산, 반포, 노량진 등에 밀집도가 높았지만, 최근 위례동, 송도, 하남, 하대동 등 신도시 위주로 증가 폭이 큰 것으로 나타났다. 학원 증가 지역은 일반적으로 입주가 끝난 시점의 신도시가 많다(대체로 병원 증가지역과 일치함). 학원 상권은 제과점, 분식, 세탁소, 미용실 등 주거밀집 지역에 입점할 수 있는 다른 업종의 매출에도 긍정적인 영향을 미친다. 따라서 주거지역 입점비율이 높은 업종의 창업 유망지역으로 꼽히기도 한다.

예체능계학원 활성화 지역

순위	지역	점포 수	순위	지역	2018년 상반기 총 추정 매출
1	경기 화성시 동탄3동	108	1	서울 강남구 대치4동	196억 1,798만 원
2	경기 용인시 동백동	74	2	경기 화성시 동탄3동	183억 1,666만 원
3	부산 기장군 정관읍	69	3	서울 마포구 서교동	142억 9,742만 원
4	경기 의정부시 송산2동	66	4	경기 용인시 동백동	91억 636만 원
	대구 동구 안심3.4동		5	경기 수원시 광교1동	86억 3,427만 원
6	인천 서구 신현원창동	65	6	경기 성남시 정자1동	78억 9,332만 원
	대구 달성군 다사읍		7	경기 수원시 태장동	72억 8,448만 원
8	경남 양산시 물금읍	61	8	인천 연수구 송도3동	71억 9,047만 원
	서울 마포구 서교동		9	인천 서구 신현원창동	70억 1,147만 원
10	경북 포항시 장량동	60	10	인천 연수구 송도1동	65억 8,993만 원

예체능계학원 점포당 월 매출 상위지역

순위	지역	2018년 상반기 점포당 월 매출
1	서울 서초구 반포2동	6,296만 원
2	충남 아산시 탕정면	6,035만 원
3	서울 강남구 대치4동	5,787만 원
4	서울 서초구 방배1동	5,583만 원
5	서울 서초구 반포4동	5,113만 원
6	경기 수원시 매교동	4,993만 원
7	서울 송파구 잠실2동	4,630만 원
8	서울 강남구 역삼1동	4,542만 원
9	서울 강남구 압구정동	4,393만 원
10	서울 강남구 도곡2동	4,325만 원

예체능계학원 신흥 증가지역

순위	지역	2년 내 증가 점포 수
1	경남 양산시 물금읍	31
2	경기 시흥시 정왕4동	25
	경기 성남시 위례동	
4	경기 의정부시 송산2동	24
5	대구 동구 안심3.4동	23
	부산 기장군 정관읍	
6	충남 천안시 불당동	20
	경기 수원시 태장동	
9	대구 달성군 다사읍	19
	경기 하남시 미사2동	

Abc 외국어학원 활성화 지역

순위	지역	점포 수	순위	지역	2018년 상반기 총 추정 매출
1	서울 양천구 목5동	55	1	서울 강남구 대치1동	505억 7,688만 원
2	경기 화성시 동탄3동	53	2	서울 강남구 압구정동	360억 6,940만 원
3	울산 남구 옥동	49	3	서울 강남구 대치2동	358억 6,741만 원
4	대구 달서구 월성1동	44	4	서울 강남구 역삼1동	295억 1,436만 원
5	경기 용인시 동백동	43	5	경기 안양시 귀인동	228억 5,891만 원
6	경기 안양시 귀인동	42	6	경기 용인시 풍덕천2동	219억 1,427만 원
7	대구 달성군 다사읍	41	7	서울 강남구 대치4동	202억 7,408만 원
8	경남 진주시 평거동	40	8	경기 성남시 수내1동	195억 769만 원
8	전북 전주시 효자4동	40	9	서울 송파구 방이1동	179억 5,048만 원
10	경남 김해시 장유3동	39	10	서울 양천구 목5동	178억 4,637만 원

외국어학원 점포당 월 매출 상위지역

순위	지역	2018년 상반기 점포당 월 매출
1	서울 강남구 대치1동	3억 5,123만 원
2	서울 강남구 압구정동	3억 5,019만 원
3	경기 성남시 수내1동	2억 1,437만 원
4	서울 강남구 역삼1동	1억 9,808만 원
5	서울 강남구 대치2동	1억 8,115만 원
6	서울 서초구 반포4동	1억 6,282만 원
7	서울 송파구 방이1동	1억 5,084만 원
8	경기 용인시 풍덕천2동	1억 2,891만 원
9	충남 아산시 탕정면	1억 2,188만 원
10	경기 화성시 팔탄면	1억 1,985만 원

외국어학원 신흥 증가지역

순위	지역	2년 내 증가 점포 수
1	경기 성남시 위례동	21
2	경남 양산시 물금읍	20
3	부산 기장군 정관읍	17
3	대구 달성군 다사읍	17
5	대구 달서구 월성1동	14
6	경기 하남시 미사2동	13
6	경기 김포시 장기동	13
6	경기 의정부시 송산2동	13
9	인천 남동구 논현1동	10
10	경기 시흥시 정왕4동	9

교과학원 활성화 지역

순위	지역	점포 수	순위	지역	2018년 상반기 총 추정 매출
1	서울 강남구 대치4동	189	1	서울 강남구 대치4동	743억 8,046만 원
2	경기 고양시 일산3동	164	2	서울 강남구 대치1동	455억 2,690만 원
3	서울 양천구 목5동	154	3	서울 양천구 목5동	423억 4,236만 원
4	경기 화성시 동탄3동	148	4	서울 강남구 대치2동	420억 7,664만 원
5	울산 남구 옥동	123	5	경기 화성시 동탄3동	382억 2,311만 원
6	경기 고양시 마두1동	115	6	경기 고양시 일산3동	286억 6,238만 원
6	광주 남구 봉선2동	115	7	경기 성남시 정자1동	274억 9,704만 원
8	충남 천안시 불당동	113	8	서울 강동구 명일2동	267억 5,894만 원
9	경기 안양시 귀인동	107	9	경기 용인시 풍덕천2동	258억 1,583만 원
9	경기 안양시 신촌동	107	10	인천 연수구 송도1동	252억 3,210만 원

교과학원 점포당 월 매출 상위지역

순위	지역	2018년 상반기 점포당 월 매출
1	서울 서초구 서초1동	9,031만 원
2	서울 강남구 역삼2동	8,772만 원
3	서울 마포구 대흥동	8,636만 원
4	서울 강남구 압구정동	8,431만 원
5	서울 서초구 반포2동	8,334만 원
6	서울 서초구 반포4동	8,176만 원
7	서울 영등포구 여의동	8,165만 원
8	서울 서초구 반포1동	7,932만 원
9	서울 동작구 노량진1동	7,904만 원
10	서울 강남구 대치1동	7,903만 원

교과학원 신흥 증가지역

순위	지역	2년 내 증가 점포 수
1	충남 천안시 불당동	42
2	경기 성남시 위례동	34
2	인천 서구 신현원창동	34
4	서울 강남구 대치4동	33
4	경기 시흥시 정왕4동	33
6	인천 연수구 송도3동	32
7	경남 김해시 장유3동	30
8	경남 진주시 하대동	28
8	서울 양천구 목5동	28
10	경남 양산시 물금읍	27

단계별 진입 업종은 따로 있다?

전반적으로 신도시 형성, 교통 신설, 재개발로 주거인구가 늘어난 지역의 점포수도 증가하였다. 대표적으로 커피전문점이 늘어난 지역을 살펴보면 가양1동, 문정2동, 구월1동, 물금읍, 비전1동 순이었다. 일반 한식, 제과점, 편의점, 분식, 미용실 등 업종에서도 유사한 현상이 나타난다. 이를 '상권 발달 단계별 진입 업종'으로 나타내면 아래 그림과 같다.

한편, 그림에서 나타나듯 고깃집은 커피, 분식, 미용실 업종과는 다르게 진입시기가 한 발 늦게 형성된다. 상권이 어느 정도 형성된 이후 진입하는 것이 효과적이기 때문이다.

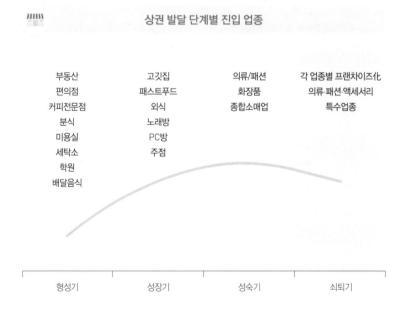

상권 발달 단계별 진입 업종

부동산	고깃집	의류/패션	각 업종별 프랜차이즈化
편의점	패스트푸드	화장품	의류·패션·액세서리
커피전문점	외식	종합소매업	특수업종
분식	노래방		
미용실	PC방		
세탁소	주점		
학원			
배달음식			

| 형성기 | 성장기 | 성숙기 | 쇠퇴기 |

갈비·삼겹살 활성화 지역

순위	지역	점포 수	순위	지역	2018년 상반기 총 추정 매출
1	울산 남구 삼산동	54	1	서울 강남구 역삼1동	237억 9,336만 원
2	경남 김해시 내외동	51	2	경기 포천시 이동면	171억 2,674만 원
3	경기 남양주시 화도읍	48	3	서울 송파구 잠실본동	156억 2,519만 원
4	강원 원주시 단구동	47	4	서울 종로구 종로1.2.3.4가동	155억 5,289만 원
	경남 양산시 물금읍		5	서울 마포구 서교동	152억 1,290만 원
6	경남 김해시 북부동	46	6	울산 남구 삼산동	137억 496만 원
7	서울 강남구 역삼1동	42	7	서울 영등포구 영등포동	133억 7,179만 원
8	경남 거제시 고현동	40	8	경남 거제시 고현동	119억 1,307만 원
9	서울 마포구 서교동	36	9	경기 성남시 서현1동	116억 7,314만 원
	서울 종로구 종로1.2.3.4가동		10	대전 유성구 온천1동	110억 8,164만 원

갈비/삼겹살 점포당 월 매출 상위지역			갈비/삼겹살 신흥 증가지역		
순위	지역	2018년 상반기 점포당 월 매출	순위	지역	2년 내 증가 점포 수
1	경기 오산시 세마동	1억 4,674만 원	1	인천 남동구 구월1동	18
2	경기 성남시 서현1동	1억 2,418만 원	2	인천 서구 신현원창동	13
3	경기 포천시 이동면	1억 1,894만 원		강원 원주시 단구동	
4	서울 강남구 논현1동	1억 899만 원	4	경기 의정부시 송산2동	12
5	서울 서초구 양재1동	1억 804만 원	5	대전 서구 가수원동	11
6	인천 연수구 송도2동	1억 793만 원	6	서울 강서구 가양1동	10
7	서울 송파구 삼실본농	9,766만 원		대전 유성구 온천1동	
8	서울 영등포구 당산2동	9,637만 원		경기 평택시 비전1동	
9	서울 강남구 역삼1동	9,556만 원		경기 시흥시 정왕4동	
10	서울 영등포구 여의동	9,541만 원	10	대구 달서구 진천동	9

곱창·양구이 활성화 지역

순위	지역	점포 수	순위	지역	2018년 상반기 총 추정 매출
1	부산 중구 남포동	47	1	서울 강남구 역삼1동	251억 9,924만 원
2	부산 부산진구 부전2동	37	2	서울 마포구 서교동	224억 7,639만 원
3	서울 마포구 서교동	29	3	경기 화성시 동탄3동	189억 711만 원
4	서울 중구 황학동	22	4	경기 수원시 영통2동	168억 8,572만 원
5	대구 남구 대명9동	18	5	서울 강남구 논현1동	152억 9,036만 원
6	서울 광진구 화양동	17	6	서울 광진구 화양동	143억 414만 원
6	경기 의정부시 의정부1동	17	7	서울 송파구 방이2동	136억 1,067만 원
8	서울 노원구 상계2동	16	8	서울 성동구 왕십리도선동	135억 1,298만 원
8	서울 강남구 역삼1동	16	9	부산 부산진구 부전2동	118억 8,788만 원
10	경기 화성시 동탄3동	14	10	서울 영등포구 여의동	118억 7,921만 원

곱창/양구이 점포당 월 매출 상위지역

순위	지역	2018년 상반기 점포당 월 매출
1	서울 강남구 역삼1동	2억 7,096만 원
2	경기 화성시 동탄3동	2억 3,057만 원
3	서울 성동구 왕십리도선동	1억 9,872만 원
4	서울 강남구 논현1동	1억 9,113만 원
5	서울 영등포구 영등포동	1억 7,743만 원
6	부산 중구 부평동	1억 6,126만 원
7	서울 관악구 신림동	1억 5,767만 원
8	서울 영등포구 여의동	1억 5,230만 원
9	경기 수원시 인계동	1억 5,186만 원
10	경기 구리시 수택1동	1억 5,015만 원

곱창/양구이 신흥 증가지역

순위	지역	2년 내 증가 점포 수
1	부산 부산진구 부전2동	15
2	서울 강서구 가양1동	9
3	인천 남구 용현5동	6
3	서울 강남구 논현1동	6
5	경기 평택시 비전1동	5
5	경기 의정부시 의정부1동	5
5	경기 남양주시 별내동	5
8	충북 충주시 연수동	4
8	경남 양산시 물금읍	4
8	경기 하남시 신장1동	4

숙박업 활성화 지역

순위	지역	점포 수	순위	지역	2018년 상반기 총 추정 매출
1	울산 남구 삼산동	87	1	서울 종로구 종로1.2.3.4가동	207억 5,673만 원
2	대전 유성구 온천1동	76	2	경기 수원시 인계동	202억 7,606만 원
3	경기 부천시 심곡2동	74	3	대전 유성구 온천1동	198억 5,393만 원
4	서울 관악구 신림동	68	4	경기 성남시 성남동	195억 49만 원
5	대전 동구 용전동	67	5	울산 남구 삼산동	173억 5,438만 원
6	경북 구미시 원평1동	66	6	경기 부천시 심곡2동	161억 1,964만 원
7	경기 수원시 인계동	65	7	서울 강남구 역삼1동	160억 9,363만 원
8	경남 창원시 상남동	63	8	경남 창원시 상남동	159억 7,290만 원
9	서울 종로구 종로1.2.3.4가동	60	9	서울 서초구 서초3동	157억 8,981만 원
10	전북 전주시 우아2동	58	10	서울 관악구 신림동	156억 1,262만 원

숙박업 점포당 월 매출 상위지역

순위	지역	2018년 상반기 점포당 월 매출
1	부산 강서구 녹산동	2억 1,680만 원
2	경기 용인시 풍덕천1동	1억 6,671만 원
3	서울 서초구 서초3동	1억 5,949만 원
4	서울 강남구 역삼2동	1억 5,061만 원
5	경기 수원시 구운동	1억 3,575만 원
6	인천 계양구 작전서운동	1억 2,697만 원
7	전북 전주시 효자4동	1억 2,101만 원
8	서울 노원구 상계6.7동	1억 1,572만 원
9	서울 강남구 역삼1동	1억 1,023만 원
10	서울 송파구 잠실본동	9,671만 원

숙박업 신흥 증가지역

순위	지역	2년 내 증가 점포 수
1	경남 창원시 오동동	15
2	충남 보령시 대천5동	8
3	강원 강릉시 옥천동	7
4	경기 포천시 소흘읍	5
4	충남 태안군 태안읍	5
6	충북 증평군 증평읍	4
6	경기 용인시 중앙동	4
8	제주 제주시 일도2동	3
8	충북 청주시 내덕1동	3
8	경북 포항시 중앙동	3

숙박업은 타 업종과 다른 특징을 가지고 있다. 상권 발달 단계와는 무관하게 주변에 주점, 위락시설이 즐비해 있거나 관광지인 경우 활성화되는 특징을 보인다. 실제 기존 숙박업 밀집지역은 각 지역을 대표하는 주점 위주의 먹자골목, 위락시설 밀집지역에 형성되어 있으며, 매출도 높게 나타나고 있다. 반면 새로 숙박업소가 증가하고 있는 지역은 대천, 태안, 제주, 춘천 등 관광지인 경우가 많은 것으로 나타났다.

막 떠오르는
3기 신도시 상권

Point

• 3기 신도시 특징
: 직장-주거 근접 지역, 2기 신도시보다 수도권에서 가까운 지역으로 선정

• 상권 점포수 증가 추세를 기준으로 강서구 가양1동, 성남시 위례동, 송파구 문정2
  동, 양산시 물금읍, 천안시 불당동 등이 성장 지역

• 소매업 위주 성장도시
: 주안1동(의류·패션·잡화), 가락1동(농수산물), 아산 신도시(스포츠·레저용품), 문정동(백
  화점, 마트), 잠실6동

• 음식업 위주 성장도시
: 주거지인 가양1동, 온천2동, 관양2동, 비전1동, 상업지인 도담동, 도사동, 향남읍,
  현풍면

이렇게 분석했습니다

• 나이스비즈맵 상권분석서비스를 통해 2016년 대비 2018년 점포수가 가장 많이
  증가한 지역을 전국 행정 읍·면·동 단위로 추출함. 20개 이상 점포가 증가한 지역
  의 업종을 구분하여 각 도시별 특징 위주로 분석함

서울 인근의 3기 신도시

3기 신도시 개발계획이 부동산 업계의 뜨거운 감자다. 대상 지역은 1기 신도시와 서울 사이에 위치한 과천, 하남, 남양주, 인천 계양 4곳이다. 하지만 발표 이후 우려의 목소리가 높다. 가장 큰 이유는 2기 신도시 성숙기 전에 3기가 조성되면 인구 분산, 집값 안정화, 기업·주요 시설 지역 분산 등을 달성하는 데 어려움이 있기 때문이다. 실제 1기 신도시만큼 교통, 교육, 공원, 문화·여가시설, 상업시설이 충분히 자리 잡지 못한 2기 신도시가 많다.

정부도 2기 신도시가 '절반의 성공과 절반의 실패'라는 것을 받아들였다. 성공이라 하면 1기와는 다르게 판교, 동탄, 광교, 송도로 기업을 옮기면서 인구를 분산했다는 점이다. 또 교통, 교육, 여가·오락·문화·유통·상업 시설이 점차 늘고 있기도 하다.

반면, 실패한 부분은 1기 신도시와 마찬가지로 베드타운 현상이 나타나는 점이다. 교통 시설이 탄탄하지 않기 때문에 일부 지역은 출퇴근이 어려운 지역으로 매력도가 낮아졌다. 이 때문에 교육, 문화, 상업 등 주요 시설의 형성은 더 어려워졌으며, 결국 신규 주택단지만 덩그러니 남는 현상이 나타났다.

3기 신도시는 기업을 서울 외곽으로 옮기기 어렵다는 2기 신도시의 경험과 직장-주거 근접도가 거주지 매력도를 결정한다는 요인에 무게를 두고 서울 근접 지역으로 선정되었다. 1, 2기 신도시에 향해있던 상업시설·교육시설·여가문화시설과 자영업자의 시선은 3기 신도시를 새로운 경쟁자로 보고 있다. 3기 신도시는 1, 2기에 비해 서울 도심과 더 가깝기 때문에, 상권 입지선정 시 옥석을 가려야 할 필요성이 높아졌다. 따라서 이 장에서는 빅데이터로 2018년 가장 성장성 높았던 신도시 상권과 특성을 살펴보고, 2019년 유망 신도시 상권을 선정해보았다.

상업시설 발달 상권은 어디?

거주 지역 결정의 가장 중요한 요소는 직장이다. 주요 업무지구로부터 거리가 어느 정도인지에 따라 집값이 결정된다고 해도 과언이 아니다. 그러나 신도시 자체적으로 기업을 유치하여 일자리를 만들기란 쉽지 않다. 기업은 인프라가 부족하고 다른 기업과 접근성이 떨어지는 지역으로 이전할 이유가 없기 때문이다. 정부가 관사를 옮기고 각종 세제 혜택을 주어도 쉽지 않다.

의도적이든 그렇지 않든 기업이 들어서면, 신도시 상권은 자연스럽게 살아날까? 그렇게 간단하지 않다. 점포는 관사처럼 의도적으로 옮길 수 있는 대상이 아니다. 영화관, 백화점, 대형마트 등 대형 상업시설의 입점 결정은 강제가 아닌 사업성 판단에 따른 결과다. 이들은 상권 매력도와 성장 가능성 등을 복합적으로 고려해 입점 유무를 결정한다. 기업, 관사 이전의 이슈가 있다고 해서 반드시 입점하는 것은 아니다. 따라서 자발적인 점포 입점, 즉 상업시설 점포수 증가 추이를 살펴보면 신도시 활성화·완성도를 확인할 수 있다. '2016~2018년 상업시설 증가 지역'(144쪽)을 살펴보자.

2016~2018년 동안 점포수가 가장 많이 증가한 지역은 강서구 가양1동, 성남시 위례동, 송파구 문정2동, 양산시 물금읍, 천안시 불당동 순이었다. 50위권 내 지역에서 신도시, 뜨는 상권, 재개발·

2016~2018년 상업시설 증가 지역 Top 50

순위	지역	2016~2018 증가 점포 수
1	서울특별시 강서구 가양1동	918
2	경기도 성남시 위례동	682
3	서울특별시 송파구 문정2동	653
4	경상남도 양산시 물금읍	531
5	충청남도 천안시 불당동	511
6	경기도 김포시 구래동	440
7	경기도 의정부시 송산2동	421
8	경기도 평택시 비전1동	405
9	경기도 시흥시 정왕4동	401
10	경기도 화성시 향남읍	381
11	세종특별자치시 새롬동	379
12	인천광역시 연수구 송도3동	374
13	경기도 파주시 운정2동	362
14	경기도 구리시 갈매동	346
15	부산광역시 강서구 명지1동	325
16	전라남도 나주시 빛가람동	318
17	대구광역시 달서구 월성1동	318
18	대구광역시 달성군 현풍면	316
19	경기도 하남시 미사2동	265
20	서울특별시 송파구 위례동	257
21	인천광역시 남동구 논현1동	246
22	인천광역시 남동구 구월1동	245
23	경기도 천시 범박동	237
24	경기도 김포시 장기동	236

25	세종특별자치시 보람동	234
26	서울특별시 성동구 왕십리도선동	230
27	경기도 화성시 동탄4동	217
28	충청남도 아산시 둔포면	193
29	경기도 시흥시 정왕3동	190
30	서울특별시 송파구 잠실6동	187
31	경기도 파주시 운정3동	181
32	대구광역시 달성군 다사읍	181
33	경기도 수원시 금곡동	176
34	강원도 원주시 반곡관설동	176
35	세종특별자치시 도담동	172
36	대전광역시 유성구 온천2동	171
37	경기도 화성시 동탄6동	162
38	울산광역시 북구 강동동	156
39	인천광역시 서구 청라2동	150
40	서울특별시 송파구 가락1동	149
41	경기도 시흥시 목감동	148
42	인천광역시 서구 청라1동	145
43	인천광역시 남구 주안1동	142
44	경기도 수원시 광교1동	139
45	경상남도 창원시 북면	137
46	전라남도 순천시 도사동	135
47	경기도 안양시 관양2동	133
48	경상북도 예천군 호명면	132
49	인천광역시 연수구 송도2동	132
50	경기도 화성시 동탄5동	131

상업시설 증가 지역 중 2018년 시장규모 Top 10

단위: 만 원

순위	지역	시장규모(1~8월)
1	서울특별시 송파구 문정2동	6,522억 684
2	인천광역시 연수구 송도3동	5,082억 5,875
3	서울특별시 송파구 잠실6동	4,379억 897
4	서울특별시 강서구 가양1동	2,723억 1,129
5	서울특별시 송파구 가락1동	2,705억 4,667
6	경기도 성남시 위례동	2,307억 3,181
7	경기도 평택시 비전1동	1,904억 9,224
8	인천광역시 남동구 구월1동	1,878억 8,344
9	경기도 파주시 운정2동	1,837억 2,747
10	인천광역시 서구 청라1동	1,720억 9,250

상업시설 증가 지역 중 2016~2018년 시장 증가규모 Top 10

단위: 만 원

순위	지역	증가액
1	인천광역시 연수구 송도3동	2,775억 460
2	서울특별시 송파구 문정2동	2,772억 6,230
3	서울특별시 강서구 가양1동	2,549억 5,028
4	경기도 성남시 위례동	2,111억 3,145
5	경기도 파주시 운정2동	1,788억 7,026
6	서울특별시 송파구 잠실6동	1,533억 7,452
7	충청남도 천안시 불당동	1,387억 8,203
8	경상남도 양산시 물금읍	1,336억 6,789
9	경기도 평택시 비전1동	1,250억 2,920
10	경기도 김포시 구래동	1,199억 1,825

도시계획으로 새롭게 태어난 도시가 눈에 띈다. 이는 기업 본사와 점주들이 봤을 때, 매력도·성장성이 있다고 판단된 지역이다. 따라서 2019년 동향을 지켜볼 만한 지역이다.

매출액 기준으로 봤을 때 점포수가 급속하게 증가하고 있는 지역 중 2018년 시장규모가 큰 지역은 문정2동, 송도3동, 잠실6동 순이었다. 증가액을 기준으로 했을 때는 송도3동, 문정2동, 가양1동 순이었다.

창업 유망한 신도시는 어디일까?

신도시 상업시설을 더 세분화하여 지역별 업종을 분석했다. 일반적인 신도시 상업시설 비중(점포수 구성비)은 음식, 서비스업 위주로 형성되기 때문에 음식업 42%, 서비스업 38%, 소매업 20% 정도로 구성된다. 매출 구성비는 대형 소매점의 영향으로 소매업 42%, 음식업 31%, 서비스업 27%로 나타난다. 이를 참고하여 각 지역 특성

소매업 성장 지역

소매업 순위	지역	전체 업종 중 소매업 비중		증가폭 1위			증가폭 2위		
		점포 비중	매출 비중	업종 명	점포 비중	매출 비중	업종 명	점포 비중	매출 비중
1	인천 미추홀구 주안1동	74.6	68.6	의복·의류	55	46.4	패션잡화	23	20.3
2	서울 송파구 가락1동	70.2	81	음·식료품(농수산물) 집중도 90% 이상					
3	충남 아산시 둔포면	38.9	74.4	의복·의류	50.7	42.1	스포츠·레저용품	17.7	26.3
4	인천 연수구 송도3동	27.9	78.7	의복·의류	37.3	6.3	종합소매점	13.2	87.6
5	서울 송파구 문정2동	27.7	65.2	의복·의류	17.1	1.6	종합소매점	17	76.8
6	서울 송파구 잠실6동	21.3	80	종합소매점	24	81.4	의복·의류	23	2.7

단위: %

음식 비중 순위	지역	전체 업종 중 음식업 비중		증가폭 1위			증가폭 2위		
		점포 비중	매출 비중	업종 명	점포 비중	매출 비중	업종 명	점포 비중	매출 비중
1	서울 강서구 가양1동	61.6	49.5	한식	23.4	24.5	커피·음료	14.5	5.9
2	강원 원주시 반곡관설동	55.6	46.6	한식	23.4	26.2	커피·음료	13.1	5.6
3	세종특별자치시 도담동	55.6	55.4	한식	26.4	25.1	일식·수산물	12.6	18.4
4	울산 북구 강동동	55.0	43.1	한식	18.7	20.0	고기요리	15.7	22.4
5	전남 나주시 빛가람동	52.1	48.9	한식	26.7	17.9	커피·음료	12.7	8.1
6	대전 유성구 온천2동	51.9	41.2	한식	24.5	21.8	커피·음료	17.7	7.9
7	전남 순천시 도사동	50.9	50.4	한식	23.3	29.6	간이주점	15.7	11.3
8	경기 안양시 관양2동	50.7	40.9	한식	29.5	32.4	커피·음료	17.4	10.9
9	경기 평택시 비전1동	48.4	46.5	한식	19.6	22.5	커피·음료	15.3	8.4
10	경기 화성시 향남읍	47.9	40.6	한식	16.9	14.5	고기요리	10.9	13.4

을 살펴봤다.

첫 번째로 소매업 위주 성장 지역을 살펴봤다. 전체 점포 중 소매업이 70% 이상인 주안1동과 가락1동은 각각 의류·패션·잡화와 농수산물 시장으로 특성화되었다. 아산 신도시 둔포면은 의복·의류와 스포츠·레저용품이 강세를 보이며, 쇼핑몰 중심의 상업시설이 분포했다. 그 외 송도, 문정, 잠실6동은 매출 비중에서 종합소매점 비중이 80%에 가까운 것으로 나타나 대형마트, 백화점 등 상업시설이 상권의 성격을 규정하고 있다고 할 수 있다.

다음으로 음식업 위주의 성장세가 나타나는 지역을 살펴봤다. 한식이 가장 높은 비중을 차지하고 있지만, 지역특성에 따라 고기요

생활서비스업 성장 지역

단위: %

생활 서비스 순위	지역	전체 업종 중 생활서비스업 비중		증가폭 1위			증가폭 2위		
		점포 비중	매출 비중	업종 명	점포 비중	매출 비중	업종 명	점포 비중	매출 비중
1	서울 성동구 왕십리도선동	18.3	11.3	미용서비스	87.5	81.9	세탁·가사서비스	9.3	5
2	경기 수원시 광교1동	15.3	13.3	미용서비스	78.5	43.5	광고·인쇄·인화	10.2	3.2
3	경기 안양시 관양2동	14.6	26.1	미용서비스	40.0	10.7	차량관리	27.6	25
4	인천 남동구 구월1동	12.3	10.8	미용서비스	73.0	36.2	차량관리	12.3	4.1
5	서울 강서구 가양1동	12.1	11.2	미용서비스	63.2	33.7	차량관리	15.4	9
6	충남 천안시 불당동	11.4	10.0	미용서비스	73.8	57.3	세탁·가사서비스	10.3	4.5
7	경기 구리시 갈매동	11.1	17.2	미용서비스	77.1	19.5	세탁·가사서비스	12.2	2
8	대전 유성구 온천2동	11.0	10.0	미용서비스	70.9	37.9	세탁·가사서비스	13	6.3

리, 커피·음료 등이 눈에 띈다. 음식업 상권은 커피전문점과 주점으로 나누어 볼 수 있다. 커피전문점 비중이 2위인 가양1동, 온천2동, 관양2동, 비전1동은 점심·오후 시간 활성도가 높은 주거지 특성을 가졌다고 볼 수 있다. 고기요리, 일식·수산물, 간이주점 비중이 높은 도담동, 도사동, 향남읍은 저녁 시간대의 주점 위주 활성도가 높은 상업지 특성을 가졌다고 할 수 있다.

세 번째는 생활서비스업 관련 지역이다. 전체적으로 상업지보다는 주거지 특성이 강한 지역이 뽑혔다. 그중 미용실이 가장 많은 비중을 차지했다. 이어서 세탁소, 카센터 등 비중이 높았다. 카센터 밀집 지역은 주거지보다 외곽에 가깝다고 볼 수 있다. 세탁소 밀집 지역은 인구밀집형 아파트·주택 단지라고 할 수 있다.

여가·오락 서비스업 성장 지역								단위: %
여가·오락 순위	지역	전체 업종 중 여가오락 비중		증가폭 1위			증가폭 2위		
		점포 비중	매출 비중	업종 명	점포 비중	매출 비중	업종 명	점포 비중	매출 비중
1	인천 서구 청라1동	11.9	9.5	취미·오락	44.3	31.2	일반스포츠	43.0	61.4
2	전남 나주시 빛가람동	8.0	9.4	일반스포츠	67.4	67.0	숙박	14.2	25.6

네 번째는 여가·오락 서비스업 특화 지역이다. 타 업종보다는 일상에 꼭 필요한 업종이 아니기 때문에 사실상 특화된 지역이 많지 않다(주로 관광지나 유흥지로 발달하는 경우에 나타남). 청라1동은 취미·오락 서비스 업종(노래방, 당구장 등)과 일반스포츠(골프, 헬스 등) 점포가 타 지역에 비해 비중이 높았다. 빛가람동은 지방 특성에 따라 일반스포츠 업종과 숙박시설이 많았다.

다섯 번째 업종은 학문·교육 서비스업(학원)인데, 이는 신도시 형성 과정에서 중요한 의미를 가진다. 교육시설은 주거인구가 충분히 갖춰진 상태에서 형성되므로 신도시 완성 단계를 뜻하기 때문이다. 완성 단계에 있지 않다 해도 교육시설이 입점했다는 것은 상업시설·편의시설의 입점 가능성이 높음을 뜻한다. 교육 서비스업 중에서도 입시학원이 강세인 지역은 중·고등학생 자녀 위주의 가구유형을 갖는다고 판단할 수 있다. 반면, 유아교육이 강세인 지역은 주로 영유아 자녀를 둔 가구유형이 입주한 것으로 판단할 수 있다.

마지막 업종은 의약·의료 분야의 병원, 약국이다. 의약·의료 업종도 신도시 완성 단계를 뜻한다. 따라서 병원, 약국이 잘 갖춰졌다는

단위: %

학문·교육 순위	지역	전체 업종 중 학문교육 비중		증가폭 1위			증가폭 2위		
		점포 비중	매출 비중	업종 명	점포 비중	매출 비중	업종 명	점포 비중	매출 비중
1	인천 연수구 송도2동	36.3	27.7	입시학원	51.4	51	예체능계학원	26.9	10.3
2	경기 화성시 동탄4동	31.8	20.5	입시학원	28.9	28.2	예체능계학원	28.6	20.5
3	인천 서구 청라2동	25.6	16.3	입시학원	36.9	54.7	예체능계학원	25.6	14.2
4	세종특별자치시 새롬동	25.3	12.3	예체능계학원	40.1	24.8	입시학원	23.3	32.3
5	세종특별자치시 보람동	25.0	12.6	예체능계학원	42	31.2	입시학원	29.3	35.9
6	경기 하남시 미사2동	24.2	14.9	예체능계학원	36	25	입시학원	33	32.5
7	대구 달서구 월성1동	22.3	16.6	입시학원	33.4	30.7	외국어학원	22.7	27.8
8	경남 창원시 북면	22.3	1.0	유아교육	48.6	54.4	예체능계학원	25.2	15.4
9	경기 화성시 동탄5동	21.0	16.2	예체능계학원	38.2	19	입시학원	24.2	22.3
10	경기 부천시 범박동	20.0	10.7	예체능계학원	32.3	23.8	유아교육	29.1	37.1

단위: %

의약·의료 순위	지역	전체 업종 중 의약·의료 비중		증가폭1위			증가폭 2위		
		점포 비중	매출 비중	업종 명	점포 비중	매출 비중	업종 명	점포 비중	매출 비중
1	경기 시흥시 목감동	18.5	15.9	일반병원	37.5	25.5	의약·의료품	28.1	39.5
2	경기 하남시 미사2동	18.4	19.4	일반병원	39.8	38.8	특화병원	24.1	30.9
3	경기 화성시 동탄5동	16.9	16.2	일반병원	35.1	35.4	의약·의료품	28	33.2
4	경기 화성시 동탄6동	15.5	24.3	특화병원	36	49.8	일반병원	33.6	28.3
5	경기 성남시 위례동	14.7	15.7	일반병원	40	36.7	특화병원	23.9	34.4
6	경기 김포시 구래동	13.2	19.1	일반병원	38.8	22	특화병원	22.2	29
7	세종특별자치시 새롬동	13.1	15.4	일반병원	39.5	41	특화병원	29	33.8

것은 매우 중요한 지표다. 특히 의료서비스 업종은 타 업종과 잘 어울리며 시너지 효과가 크다. 그러므로 병원이 입점한 곳은 타 업종에도 유리한 상권으로 분류된다.

업종 순위를 살펴보면, 의료서비스 비중이 높은 지역 중에서도 일반병원(내과, 이비인후과, 외과)과 동시에 특화병원(치과, 성형외과, 피부과)이 많은 지역은 상업지 특성을 갖는다. 의약·의료품(약국) 비중이 높은 지역은 주거지 특성을 갖는다고 이해할 수 있다.

신도시가 아니더라도 집값을 책정할 때 고려하는 교통, 환경, 편의시설, 교육, 의료, 문화, 건강, 여가·오락 시설 등이 모두 신도시 개발 방향과 관계되어 있다. 2기 신도시나 뜨는 상권의 업종 발달 추이를 관찰해보면, 시설 입점 순서와 어떤 도시가 완성 단계로 나아가고 있는지 알아볼 수 있다.

편의점 창업이 유망한 상권은?

Point

- 2015~2016년까지 증가하던 편의점은 2017년 3분기 기점으로 정체 시작

- 서울·수도권은 여전히 주요 상권 주변의 편의점 수요가 많고, 지방은 중소도시의 편의점 부족지역이 수요 우위지역임

- 편의점도 판매상품을 다변화할 수 있고, 특히 서비스 상품군 취급여부에 따라 매출이 달라짐

  ※ 편의점 서비스 상품 품목

  : 생활서비스- 택배, 꽃배달, 국제화물특송, 세탁, 핸드폰충전, 교통카드 충전

  : 특수 판매상품- 복권, 스포츠토토, 쓰레기봉투, 선물세트, 게임상품권, 백화점 상품권, 문화상품권, 우표

- 편의점은 아직까지 경쟁관계에 의한 매출 감소효과가 큰 업종으로 분류되며, 상권 내 신규매장이 진입할 경우 통상 10~30% 정도 매출 감소효과가 나타남

이렇게 분석했습니다

- 다음 항목으로 편의점 밀집도와 판매품목 차별화 전략의 유효성을 조사함

  ❶ 전국 편의점 점포수, 증감률, 매출액 변동 추이

  ❷ 상권별 편의점 밀집지역과 분산지역의 매출액 비교

  ❸ 편의점 판매품목에 따른 매출액

잘 나가던 편의점의 위기

편의점 업계가 비상이다. 타 업종에 비해 비탄력적 비용구조이다 보니, 최저임금 상승으로 큰 타격을 입었기 때문이다. 또한 지난 몇 년간 급격히 늘어난 점포수로 시장 포화상태라는 목소리도 높다. 포화상태에 진입하면 점포별 매출이 감소한다. 인건비 상승으로 수익이 감소하면 전체 매출이라도 높아야 유지되는데, 수익·매출이 함께 감소하면서 이중고를 겪고 있다.

이를 해결하기 위해 정부, 관련 업계는 여러 방안을 내놓고 있다. 카드수수료 인하, 임대차 계약기간 연장, 편의점 본사 수수료 인하 등이 수익 보전을 위한 대책이다(모두 인건비 외 비용 감소 방안). 브랜드 관계없이 기존 편의점 근접 출점을 자제(매출감소 방지 방안)하겠다는 자구책도 나오고 있다.

그러나 한계가 있어 보인다. 먼저 편의점 점주의 수익성 보장 방식은 또 다른 누군가의 손해를 가정한다. 점주 보호를 위해 카드수수료를 없애거나 본사 수수료를 인하하면 카드사나 편의점 본사 부담으로 이어진다. 그렇다고 원가 비중을 낮추기 위해 원재료비 인하를 요구한다면, 1차 생산자나 제조사 부담이 될 것이다. 즉, 비용구조 조정으로 수익을 보전하는 방식은 제로섬 게임이라고 할 수 있다. 이는 손해를 감수해야 하는 이해당사자의 반발을 일으킨다.

브랜드 관계없이 편의점 근접 출점 제한으로 매출 감소를 방지하겠다는 방안은 어떨까? 업계 협력의지는 좋지만 ① 전 브랜드가 동참하지 않으면 실효성이 떨어진다는 점, ② 기존 대형 브랜드는 출점을 마친 상태라 신규 브랜드 출점을 제한하는 것은 형평성에 어굿난다는 점(그로 인해 동참하지 않음), ③ 포화상태에 진입하기 전에 했어야 한다는 점, ④ 기존 점포의 매출 감소를 막을 수는 있어도 늘릴 수는 없으므로 계속되는 비용인상에 결국 수익도 줄어들 것이라는 점 등 한계를 지니고 있다.

그렇다면 보다 근본적인 대책은 무엇일까? 바로 편의점 매출 증가 방안을 고민하는 것이다. 데이터 분석결과를 살펴보면 제공 서비스나 재화 종류에 따라 매장 선호도가 달라지는 것을 발견할 수 있다. 물론 많은 유동인구, 좋은 입지, 비싼 임차료에 따라 매출이 높다. 하지만 어떻게 매장을 운영하느냐에 따라 매출 증가 여지가 있다는 점에 주목해야 한다. 오늘날 편의점에서 택배 이용, 금융거래, 화장품·생활용품 구매가 가능해졌다. 이런 새로운 서비스와 상품 전략을 고려해봐야 한다.

편의점 매출 변화 한눈에 보기

편의점 업종이 생애주기 어디쯤에 있는지 진단해보자. 전국 편의점 점포수 변화와 그에 따른 점포당 평균 매출 변화를 살펴봤다.

'전국 편의점 점포수'(156쪽)를 보자. 산업통상자원부 발표(2018년 상반기)와 유사하게 상권분석 자료에서도 전국 편의점 수를 4만여 개로 집계하고 있다. 표를 보면, 2016년 4분기부터 2017년 2분기까지 분기당 3~5% 대로 증가하고 있던 편의점 수는 2017년 3분기를 기점으로 성장세가 둔화되고 있다. 2017년 7월 '편의점 근접 출점에 대한 규제'도 성장세 둔화에 한몫했지만, 전체적으로 포화상태에 이르렀다는 설명이 타당해 보인다. 이를 뒷받침하기 위해 점

전국 편의점 점포수

기준 시점	점포수(개)	전 분기 대비 증감률(%)
2016. 6.	3만 3,858	-
2016. 9.	3만 4,011	0.45
2016. 12.	3만 5,091	3.18
2017. 3.	3만 7,117	5.77
2017. 6.	3만 8,794	4.52
2017. 9.	3만 8,957	0.42
2017. 12.	3만 9,137	0.46
2018. 3.	3만 9,306	0.43
2018. 6.	4만 50	1.89

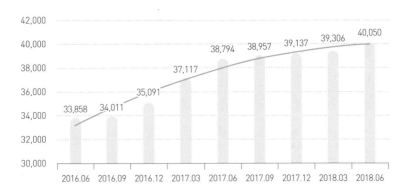

편의점 점포당 평균 매출

기준 시점	평균 매출(만 원·월)	전년 동월대비 증감률(%)
2016. 6.	5,529	-
2016. 9.	5,598	-
2016. 12.	5,047	-
2017. 3.	5,124	-
2017. 6.	5,223	- 5.5
2017. 9.	5,494	- 1.8
2017. 12.	4,714	- 6.6
2018. 3.	5,114	- 0.2
2018. 6.	5,354	2.5

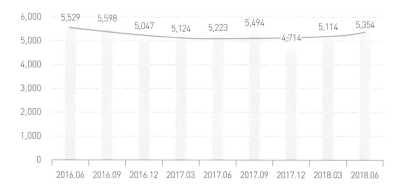

포당 평균 매출 증감률도 살펴봤다.

'편의점 점포당 평균 매출'(157쪽)을 보자. 점포수 증감률 분석자료와 동일 시점 기준으로 점포당 월평균 매출을 분석했다. 2016~2018년 전반적으로 전년 대비 점포당 매출이 떨어진 것으로 나타났다. 점포수 증가에 따라 점포당 평균 매출이 감소하는 시기인 것이다. 이는 업종 생애주기에서 '경쟁심화기', '정체기(포화기)'로 부를 수 있으며, 성장세가 꺾였다고 판단할 수 있는 근거다.

주요 상권 아니라도 편의점 수요 높은 지역은?

편의점이 포화기에 진입했다는 것만으로 곧 쇠퇴기(점포수와 점포당 평균 매출이 모두 감소하는 시기)라 예상하는 것은 이르다. 업종 생애주기는 '도입기-성장기-정체기-쇠퇴기'로 나타내지만, 반드시 한 방향으로 진행되지는 않기 때문이다. 예를 들어, 커피전문점은 이미 수년 전부터 포화기에 접어들었다는 분석과 예측이 많았지만, 현재도 꾸준한 성장을 보이고 있다. 경쟁력 떨어지는 점포가 사라지고, 수익구조와 마케팅력이 우수한 매장이 살아남으면서 수를 늘려나간 것이 핵심이었다. 편의점도 가능성이 있다.

지역별 편의점 분포와 출점 가능성을 살펴보자. '전국에 편의점이 들어갈 만한 자리가 정말 없는지' 알아보는 것이다. 포화상태인 지역 점포수는 줄이고, 부족한 지역은 늘려서 균형을 맞추는 작업의 시작이다. 단순히 주거인구나 유동인구수 대비 점포수(=점포당 차지할 수 있는 인구 수)로 지역을 찾는 것은 적합하지 않다. 상권 성격, 소비목적, 경쟁·보완관계에 있는 타 업종 유무에 따라 소비력이 다르

서울특별시

순위	지역	점포 밀집도	수요 밀집도	편차
1	강남구	0.085	0.105	0.019
2	서초구	0.05	0.062	0.012
3	마포구	0.055	0.065	0.01
4	용산구	0.026	0.032	0.006
5	관악구	0.047	0.051	0.004

경기도

순위	지역	점포 밀집도	수요 밀집도	편차
1	성남시	0.063	0.077	0.014
2	의정부시	0.034	0.044	0.01
3	수원시	0.083	0.092	0.009
4	용인시	0.073	0.082	0.009
5	부천시	0.058	0.066	0.008

인천광역시

순위	지역	점포 밀집도	수요 밀집도	편차
1	연수구	0.11	0.147	0.038
2	남동구	0.155	0.17	0.015
3	중구	0.062	0.069	0.007
4	동구	0.015	0.015	0.000
5	부평구	0.171	0.171	0.000

부산광역시

순위	지역	점포 밀집도	수요 밀집도	편차
1	부산진구	0.125	0.155	0.031
2	해운대구	0.118	0.144	0.026
3	수영구	0.056	0.064	0.008
4	동구	0.032	0.037	0.005
5	서구	0.035	0.035	0.000

대구광역시

순위	지역	점포 밀집도	수요 밀집도	편차
1	중구	0.076	0.135	0.059
2	북구	0.176	0.198	0.022
3	수성구	0.128	0.138	0.011
4	동구	0.135	0.137	0.002

대전광역시

순위	지역	점포 밀집도	수요 밀집도	편차
1	서구	0.33	0.378	0.047
2	유성구	0.248	0.275	0.028
-	-	-	-	-
-	-	-	-	-

광주광역시

순위	지역	점포 밀집도	수요 밀집도	편차
1	서구	0.221	0.26	0.039
2	동구	0.081	0.113	0.032

울산광역시

순위	지역	점포 밀집도	수요 밀집도	편차
1	남구	0.336	0.454	0.118
2	중구	0.153	0.167	0.014

수도권 및 6대 광역시 외 수요 밀집도 상위 시·군·구(세종, 제주 제외)

경상남도

순위	지역	점포 밀집도	수요 밀집도	편차
1	창원시	0.273	0.371	0.098
2	김해시	0.156	0.188	0.033
3	진주시	0.101	0.125	0.024
4	양산시	0.09	0.107	0.018
-	-	-	-	-

경상북도

순위	지역	점포 밀집도	수요 밀집도	편차
1	경산시	0.112	0.164	0.052
2	포항시	0.175	0.183	0.008
3	경주시	0.126	0.132	0.005
4	영천시	0.026	0.03	0.004
5	문경시	0.014	0.017	0.003

전라남도

순위	지역	점포 밀집도	수요 밀집도	편차
1	광양시	0.09	0.125	0.035
2	여수시	0.184	0.211	0.026
3	순천시	0.149	0.156	0.007
4	영암군	0.04	0.044	0.004
5	목포시	0.142	0.146	0.004

전라북도

순위	지역	점포 밀집도	수요 밀집도	편차
1	전주시	0.39	0.512	0.121
2	완주군	0.052	0.055	0.002
3	장수군	0.005	0.005	0
-	-	-	-	-
-	-	-	-	-

충청남도

순위	지역	점포 밀집도	수요 밀집도	편차
1	아산시	0.179	0.251	0.072
2	천안시	0.311	0.34	0.029
3	당진시	0.091	0.114	0.023
-	-	-	-	-

충청북도

순위	지역	점포 밀집도	수요 밀집도	편차
1	청주시	0.514	0.563	0.048
2	충주시	0.127	0.15	0.023
3	옥천군	0.016	0.023	0.006
4	영동군	0.016	0.021	0.005

강원도

순위	지역	점포 밀집도	수요 밀집도	편차
1	춘천시	0.161	0.213	0.051
2	원주시	0.211	0.239	0.028
3	강릉시	0.141	0.152	0.01
4	동해시	0.054	0.06	0.006
5	고성군	0.023	0.025	0.003

점포당 평균 매출 성장률 상위지역   단위: %

순위	지역	2017년 성장률	2018년 성장률
1	전라남도 해남군	17.6	29.0
2	강원도 태백시	36.2	26.7
3	충청남도 계룡시	43.2	24.8
4	경상남도 창녕군	23.4	24.5
5	강원도 인제군	29.9	24.3
6	경상북도 고령군	37.6	23.2
7	광주광역시 북구	25.7	22.6
8	전라남도 여수시	15.9	21.2
9	인천광역시 강화군	19.0	20.0
10	전라남도 나주시	28.8	18.5

기 때문이다. 즉, 1명이라는 숫자도 주거지역에서는 소비력이 낮지만, 상업지역·직장가에서는 높다. 따라서 단순히 1명으로 계산하는 것은 실제 수요를 예측하지 못할 수 있다. 따라서 상권분석할 때는 점포수 밀집도와 고객 밀집도를 비교하여, 상대적으로 고객 밀집도가 높은 지역을 출점 가능 지역으로 선정한다.

수요 밀집도는 시·도별 상권 활성화 지역이 주로 순위권에 올랐다. 서울은 강남구, 서초구, 마포구 순이었으며, 경기도는 성남시, 의정부시, 수원시 순이었다. 다른 시·도 단위에서도 대표되는 지역들이 높은 수요 밀집도를 보였다. 재미있는 사실은 상업시설, 직장 밀집 지역만이 아니라 주거 지역, 관광지도 포함되어 있다는 점이다. 즉, 비싼 상권이 아니더라도 수요 대비 편의점 수가 적은 공백 지역을 잘 찾는다면 가능성이 있다는 뜻이다. 같은 방식으로 읍면 동 단위나 세부상권의 수요 밀집도가 높은 지역도 뽑을 수 있다. 여기에 지역별 점포당 평균 매출 성장률까지 분석한다면, 출점 가능성을 더 높일 수 있다.

무엇을 팔아야 성공할까?

편의점 매출 수준에 따라 어떤 품목이나 서비스 판매율이 높은지 분석했다. 평균 판매 비중(기준치) 설정을 위해 편의점 판매 메뉴를 세분화하고, 품목별로 평균치를 살펴봤다.

순위	품목·서비스	판매건수 비중(%)	판매금액 비중(%)	평균 판매단가(원)
		편의점 메뉴 건수·매출 비중·단가		
1	담배	19.4	38.9	4,604
2	음료	17.4	10.0	1,328
3	서비스 상품	4.3	9.8	5,280
4	맥주	5.6	6.5	2,665
5	유음료	10.4	5.7	1,265
6	과자	9.2	5.1	1,275
7	미반	3.5	2.9	1,935
8	아이스크림	4.9	2.6	1,243
9	즉석 식품	6.0	2.2	833
10	냉장	2.4	2.2	2,086
-	기타	16.9	13.9	-

'편의점 메뉴 건수·매출 비중·단가'(162쪽)를 보자. 일반적으로 편의점은 담배 유무(=담배권)에 따라 매출 영향도가 큰 것으로 알려져 있다. 분석 결과에서도 담배 매출 비중이 전체 38.9%로 가장 높았다. 뒤이어 음료, 서비스 상품, 맥주, 유음료, 과자, 미반(삼각김밥, 주먹밥 등), 아이스크림 순으로 집계되었다.

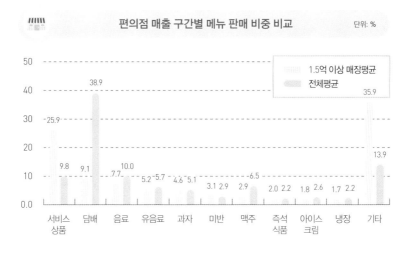

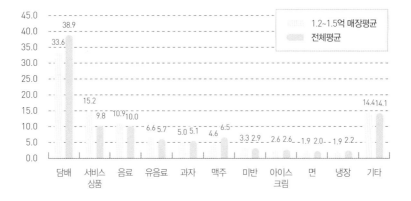

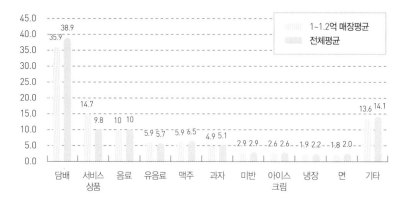

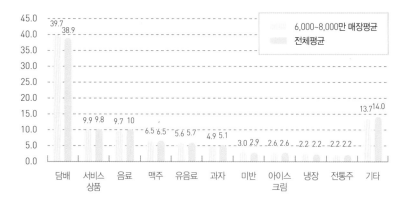

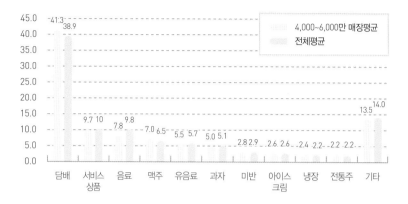

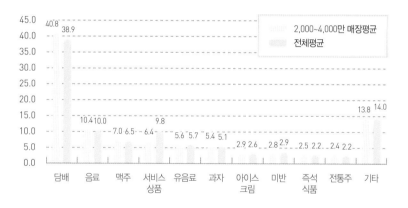

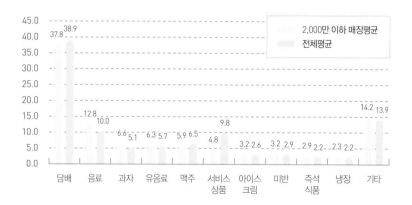

'편의점 매출 구간별 메뉴 판매 비중 비교'(163쪽)를 보자. 메뉴별 평균 판매 비중을 기준으로 매출액 구간에 따른 차이를 분석했다. 매출액 구간을 2,000만 원 이하부터 1.5억 이상까지 8개로 나누고, 구간별 메뉴 판매 비중을 집계했다. 가장 눈에 띄는 것은 '서비스 상품'이었다.

매출액과 서비스 상품 비중의 상관관계가 높게 나타났다. 서비스 상품이라는 품목 내에는 택배, 배달, 복권, 쓰레기봉투, 상품권 등이 포함되어 있다. 편의점에서 이용할 수 있는 특수 서비스나 상품에 따라 전체 매출이 높아지는 것을 확인할 수 있다.

반면, 매출액이 낮은 구간에서는 (담배를 제외하고) 전통적 편의점 판매 물품인 음료, 맥주, 유음료, 과자, 즉석식품 등 소매품목 판매 비중이 높았다. 이는 판매 비중이 높을수록 오히려 매출에는 악영

매출액 구간에 따른 서비스 상품 매출 비중			단위: %
매출액 구간	서비스 상품 매출 비중	평균 비중	편차
1.5억 원 이상	25.9	9.8	16.1
1.2~1.5억 원	15.2	9.8	5.3
1~1.2억 원	14.7	9.8	4.9
8,000만~1억 원	12.7	9.8	2.9
6,000~8,000만 원	9.9	9.8	0.0
4,000~6,000만 원	7.8	9.8	-2.0
2,000~4,000만 원	6.4	9.8	-3.4
2,000만 원 이하	4.8	9.8	-5.0

향을 미치는 것으로 나타났다. 대형마트, SSM, 온라인(배달)까지 저렴한 가격으로 승부하는 판매채널이 많아졌기 때문이다. 또한 경쟁 편의점이 생기면 판매액이 급감하게 된다.

스타벅스로 할까?
이디야로 할까?

Point

- 커피전문점 가격대에 따라 입점전략이 다름

- 고가 커피전문점 입점 전략
: 주로 대형 상권에 입점하며, 중소형 상권이나 주거지역 입점보다는 기존 매장 주변 추가 입점 전략 + 드라이빙스루 매장, 휴게소, 관광지, 특수시설 입점 고려 중임

- 중가 커피전문점 입점 전략
: 고가·저가 커피전문점을 피해 중소 상권이나 주거지 주변으로 입점

- 저가 커피전문점 입점 전략
: 고가 커피전문점의 틈새시장을 찾아 대형 상권에 입점하는 경향이 나타남

이렇게 분석했습니다

- 기간: 2018년 말 기준

- 대상: 직영+가맹점 수 100개 이상 브랜드, 각 사 홈페이지 조사

- 출처: 나이스지니데이타, 공정거래위원회 가맹사업거래 홈페이지

커피전문점이라고
다 같은 게 아니다

공정위 가맹사업거래에 등록된 커피 브랜드는 342개, 가맹점수만 1만 3,642개에 이른다(2018년 말 조회/2016·2017년 각 사 등록기준). 여기에 직영으로 운영되는 스타벅스, 커피빈, 폴바셋 등 브랜드 점포수를 합치면 1만 5,000개가 넘는다. 주요 역세권, 대학가, 직장가는 물론 동네상권에서도 손쉽게 브랜드 커피를 즐길 수 있다.

업종 구분은 커피전문점으로 묶여 있지만, 살펴보면 브랜드별 차이가 있다. 일단 매장수 차이에 따라 브랜드 파워와 인지도가 다르다. 또 개별 매장 규모, 커피 가격, 맛, 분위기도 다르다. 각자 전략이 있기에 입점하는 상권, 매장·테이크아웃 비중, 주력메뉴, 보조메뉴 종류, 고객 구성도 다르다. 최근 '나만의 커피'를 찾는 소비자가 많아지면서 고급커피인 '스페셜티' 판

순위	브랜드	등록 매장수
	전국 직영+가맹점 수 100개 이상 커피 브랜드 순위	
1	이디야커피	2,142
2	스타벅스	1,093
3	투썸플레이스	887
4	요거프레소	755
5	엔제리너스	647
6	빽다방	539
7	카페베네	523
8	커피베이	471
9	커피에반하다	457
10	파스쿠찌	408
11	할리스커피	405
12	탐앤탐스커피	306
13	커피빈	283
14	토프레소	245
15	커피마마	244
16	더벤티	229
17	드롭탑	221
18	셀렉토커피	187
19	더카페	186
20	달콤	152
21	그라찌에	119
22	커피니	118
23	디에떼스프레소	113
24	핸즈커피	112
25	루앤비카페	109
26	매머드커피	101
27	폴바셋	101

매 매장수가 증가하는 추세다.

이런 상황에서 커피전문점은 포지셔닝 고민이 깊어졌다. 전략 계획 수립 과정이 까다로워졌기 때문이다. 전략에 따라 살아남기도, 도태될 수도 있기에 매우 중요하다. 이 장에서는 성공의 열쇠, 커피전문점 창업 전략을 분석해보자.

커피 가격대별 유망상권이 다르다

커피 한 잔 가격부터 살펴보자. 브랜드마다 기본 사이즈가 다르긴 하지만 따뜻한 아메리카노 평균 가격은 '아메리카노 한 잔당 가격'과 같다.

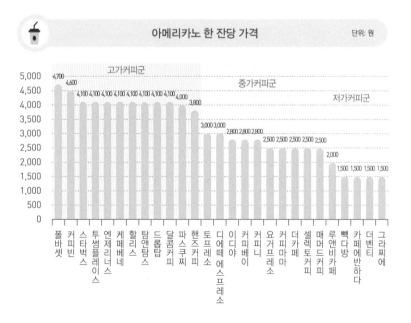

가장 높은 가격의 브랜드는 폴바셋(4,700원)이었다. 커피빈이 4,500원으로 그 뒤를 이었고 스타벅스, 투썸플레이스, 엔제리너스, 카페베네, 할리스, 탐앤탐스 등이 4,100원대다. 파스쿠찌는 4,000원, 핸즈커피가 3,800원이었다. 눈으로 보기에도 명확히 구분되는 이 집단은 고가커피군으로 분류할 수 있다.

그다음으로 중가커피다. 고가커피는 매장 규모가 크고 주요상권에 입점하는 경향이 있어 동네상권까지 침투할 수 없다는 한계가 있다. 저가커피는 가격이 너무 저렴하여 수익구조가 불안정하다는 지적이 있다. 중가커피가 이런 한계를 해결할 수 있다. 대표적으로 전국 가장 많은 매장 수를 보유한 이디야(2,800원), 요거프레소, 커피베이, 셀렉토커피, 토프레소, 더카페 등이 속한다. 이들은 아메리카노 한 잔당 가격이 2,500~3,000원 사이다(매머드커피는 기본 사이즈가 크기 때문에 용량당 단가로 구분하여 저가커피로 분류함).

마지막으로 2015년부터 착한 가격을 무기로 시장에 침투하기 시작한 저가커피다. 대표적으로 빽다방, 커피에반하다, 더벤티 등이 있다. 패스트푸드점, 편의점 커피와 가격 면에서 경쟁관계다. 저가커피군은 한 잔 당 1,500원 정도의 저렴한 가격으로 승부한다.

고가커피점 따라가는 저가커피점

구분 유형, 브랜드별로 주로 입점한 상권을 분석해보자. 전국 세부 지역별 상권 규모를 1~10등급으로 나누고, 유형별로 분석한 결과는 '유형별 매장 주변 상권 규모 등급'(172쪽)과 같다(1등급에 가까울수록 강남, 명동, 종로, 신촌 등 대형상권을 뜻함).

유형별 매장 주변 상권 규모 등급 단위: %

• 고가커피군

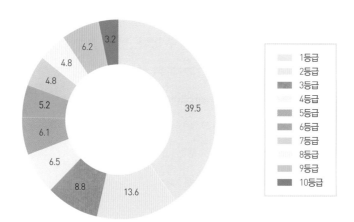

	1등급
	2등급
	3등급
	4등급
	5등급
	6등급
	7등급
	8등급
	9등급
	10등급

• 중가커피군

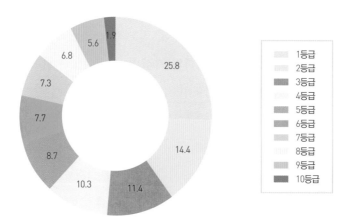

	1등급
	2등급
	3등급
	4등급
	5등급
	6등급
	7등급
	8등급
	9등급
	10등급

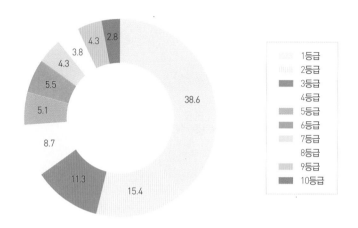

• 저가커피군

범례:
1등급
2등급
3등급
4등급
5등급
6등급
7등급
8등급
9등급
10등급

차트 수치: 38.6, 15.4, 11.3, 8.7, 5.1, 5.5, 4.3, 3.8, 4.3, 2.8

　　분석결과 고가커피군과 저가커피군은 비슷한 패턴이 나타난다. 매장 절반 이상이 1～2등급에 해당하는 대형상권에 입점해있다. 상권 규모가 작아질수록 입점 비율이 줄어드는 것도 확인할 수 있다 (고가커피군의 9등급은 주요 휴게소에 해당).

　　반대로 중가커피군은 1등급 입점 비율이 가장 높긴 하나, 상대적으로 3～9등급에 속하는 매장비율도 높다. 즉, 중가커피 브랜드는 고가커피군이나 저가커피군이 입점한 대형상권을 피해 중소형상권 (동네상권)에 침투했다는 뜻이다.

　　브랜드별로 살펴보면 이런 특징이 더 잘 보인다. 대형상권(1~2등급)에 주로 입점하는 브랜드는 커피빈, 매머드커피, 폴바셋, 빽다방, 스타벅스 순이었다. 주로 고가커피, 저가커피군이다. 반면 3～6등급 중규모 상권에서는 디에떼에스프레소, 핸즈커피, 요거프레소,

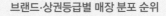

순위	브랜드	대형상권 매장 비중	브랜드	중형상권 매장 비중	브랜드	소형상권 매장 비중
1	커피빈	82.8	디에떼 에스프레소	47.8	그라찌에	72.3
2	매머드커피	80.2	핸즈커피	47.0	드롭탑	35.2
3	폴바셋	78.2	요거프레소	41.4	커피마마	32.7
4	빽다방	70.1	토프레소	41.4	루앤비카페	29.4
5	스타벅스	67.0	루앤비카페	40.4	요거프레소	27.6

브랜드·상권등급별 매장 분포 순위 단위: %

토프레소, 루앤비카페 입점 비중이 높은 것으로 나타났다. 7~10등급 소형상권 입점 비중이 높은 브랜드는 그라찌에, 드롭탑, 커피마마 순이었다.

상권 규모별 매장 입점 비중이 다른 이유는 입점 전략 때문이다. 고가커피군 브랜드가 대형상권에 입점하는 이유는 기대하는 매출 수준이 높기 때문이다. 이를 충족할 수 있는 상권(유동인구+소비력)은 대형상권밖에 없다. 고가커피군이 입점하고 나면, 저가커피군은 고가커피군의 틈새시장(부담 없는 가격의 커피를 찾는 고객)을 노리고 대형상권에 자리 잡는다. 반면 중가커피군은 고급화 전략이나 저렴한 가격으로 나서기 애매하여 고가·저가 브랜드가 없는 중소형상권에 입점하고 있다.

주목할 점은 기대매출이 높은 대형상권이라고 해서 무조건 좋은 상권이나 입지는 아니라는 것이다. 대형상권은 그만큼 비용부담(특

순위	브랜드	유형	매출규모 상위 20% 상권 내 입점 비중	브랜드	유형	임차료 상위 20% 상권 내 입점 비중
1	커피빈	고가	82.8	매머드커피	저가	83.2
2	매머드커피	저가	80.2	커피빈	고가	76.4
3	폴바셋	고가	78.2	빽다방	저가	58.4
4	빽다방	저가	70.1	폴바셋	고가	56.3
5	스타벅스	고가	67.0	스타벅스	고가	53.6
6	탐앤탐스	고가	60.1	커피에반하다	저가	47.8
7	더카페	중가	59.6	탐앤탐스	고가	46.7
8	할리스	고가	52.9	투썸플레이스	고가	42.7
9	투썸플레이스	고가	51.2	더카페	중가	42.4
10	더벤티	저가	50.5	할리스	고가	41.8

히 임차료)이 크기 때문에 수익성이 안 좋은 경우가 많다. 오히려 잘 찾아 들어간 중소형상권 수익성이 좋은 경우가 많다.

상권에 따라 입점 전략도 다르다

상권 규모에 따른 입점 전략을 뒷받침하면서 브랜드의 포지셔닝을 파악하기 위하여 상권 유형별로 분석했다.

'브랜드별 역세권·대학가 입점 비중'(176쪽)을 보자. 상업형 중에서도 특수상권에 속하는 역세권, 대학가 매장 비중을 분석했다. 역세권에서는 전체 매장의 66.7%가 위치한 폴바셋, 61.4%의 매머드

브랜드별 역세권·대학가 입점 비중 단위: %

순위	브랜드	역세권 매장 비중	브랜드	대학가 매장 비중
1	폴바셋	66.7	그라찌에	48.7
2	매머드커피	61.4	더벤티	12.5
3	커피빈	52.8	요거프레소	10.0
4	스타벅스	37.5	빽다방	9.9
5	빽다방	34.8	커피니	9.8
6	탐앤탐스	30.3	카페베네	8.3
7	더카페	29.3	커피빈	8.2
8	투썸플레이스	28.5	탐앤탐스	8.0
9	할리스	27.5	스타벅스	7.9
10	커피니	26.2	이디야	7.4
11	더벤티	26.1	토프레소	7.1
12	달콤커피	25.3	엔제리너스	7.0
13	파스쿠찌	23.3	파스쿠찌	7.0
14	이디야	22	투썸플레이스	6.8
15	셀렉토커피	19.6	디에떼에스프레소	6.7
16	엔제리너스	19.5	할리스	6.1
17	카페베네	17.0	셀렉토커피	5.7
18	핸즈커피	16.9	커피베이	5.2
19	커피에반하다	15.6	더카페	5.1
20	커피베이	15.4	커피마마	5.0
21	토프레소	13.9	핸즈커피	4.8
22	루앤비카페	12.8	루앤비카페	4.6
23	요거프레소	11.5	드롭탑	4.1
24	커피마마	11.5	달콤커피	4.0
25	디에떼에스프레소	11.2	매머드커피	3.0
26	드롭탑	8.7	커피에반하다	2.9
27	그라찌에	4.2	폴바셋	1.1

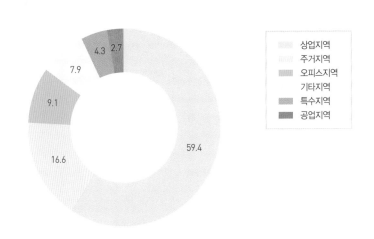

상업지역
주거지역
오피스지역
기타지역
특수지역
공업지역

4.3　2.7
7.9
9.1
16.6
59.4

커피, 52.8%의 커피빈 등이 순위에 올랐다. 이는 앞서 분석한 대형 상권 입점 비중과 비슷한 결과였다. 대학가에서는 그라찌에(실제 매장 100%가 대학교 내 위치) 같은 브랜드와 더벤티, 요거프레소, 빽다방 등이 순위에 올랐다. 역세권과 비교했을 때, 주머니사정이 어려운 대학생을 겨냥하여 저가커피군 브랜드가 상위권에 있는 것을 확인할 수 있다.

'브랜드 커피매장 상권유형 분포'를 보자. 용도에 따라 일반상업·특수상업·기타상업·주거·오피스·공업 상권으로 구분해 브랜드별 특징을 분석했다. 전체적으로는 일반상업지역 59.4%, 주거지역 16.6%, 오피스지역 9.1% 순으로 분포되어 있다. 그중에서도 빽다방, 더벤티, 엔제리너스, 루앤비, 이디야는 일반상업형 비중이 평균보다 높았다. 주거지역 입점률이 높은 브랜드는 셀렉토커피, 디

순위	브랜드	일반상업지역 비중	브랜드	주거지역 비중
1	빽다방	72.2	셀렉토커피	33.5
2	더벤티	68.5	디에떼에스프레소	28.4
3	엔제리너스	64.2	토프레소	27.1
4	루앤비카페	63.3	요거프레소	26.9
5	이디야	63.0	커피에반하다	24.8
순위	브랜드	오피스지역 비중	브랜드	특수상업지역 비중
1	매머드커피	34.7	그라찌에	84.9
2	폴바셋	32.2	카페베네	7.6
3	커피빈	25.1	할리스	7.2
4	스타벅스	17.4	핸즈커피	6.0
5	커피니	12.2	탐앤탐스	5.9
순위	브랜드	공업지역 비중	브랜드	기타상업지역 비중
1	더카페	8.1	드롭탑	20.1
2	매머드커피	6.9	폴바셋	14.9
3	셀렉토커피	4.6	탐앤탐스	13.4
4	루앤비카페	4.6	할리스	12.3
5	토프레소	3.8	파스쿠찌	11.4

브랜드 커피매장 상권유형 분포(유형별 순위)　단위: %

에떼에스프레소, 토프레소 등이었다. 오피스지역에서는 매머드커
피, 폴바셋, 커피빈 순으로 비중이 높았다. 학교, 공원 등 특수지역
입점 비중은 그라찌에, 카페베네, 할리스 순이었다. 공업지역은 더
카페, 매머드커피, 셀렉토커피가 많았다. 문화시설, 대형 쇼핑시설,

터미널, 병원 등 기타 특수지역 입점 비중은 드롭탑, 폴바셋, 탐앤탐스 순으로 높았다.

브랜드는 기본적으로 가격, 맛, 분위기, 서비스, 홍보 등 요소가 서로 긍정적인 효과를 낼 때 성공할 수 있다. 그중에서도 특히 매장 위치가 중요하다. 상권 특성에 부합하는 콘셉트의 매장은 살아남고, 그렇지 못하면 몇 개월도 넘기기 힘들 만큼 경쟁이 치열해지고 있다. 국내 경쟁시장을 피해 중국, 말레이시아, 인도네시아 등 해외 진출을 노리는 달콤, 핸즈커피, 커피니 브랜드나 대학교 내 입점을 고수하는 그라찌에 브랜드 입점 전략은 눈여겨볼 만하다. 또한 상권 유형별 매장을 나누어 같은 브랜드임에도 가격을 다르게 책정한다거나 이벤트를 진행하는 등 상권맞춤형 마케팅 전략을 잘 기획해야 할 것이다.

예비창업자라면
알아야 할 꿀정보

폐점 트렌드도
살펴야 한다

Point

- 업종별 폐점률을 살펴보면 자영업 시장 트렌드 파악이 용이함

- 외식업
: 한식, 중식 업종 폐점률 증가 / 분식, 양식, 피자, 일식, 제과점 폐점률 감소

- 소매업
: 화장품, 의류·패션 폐점률 증가 / 건강식품, 농산물 폐점률 감소 / 편의점, 종합소
매점은 폐점률이 낮지만 점포수가 계속 증가해 포화기에 진입

- 서비스업
: 운송, 이사 프랜차이즈 업체는 개점보다 폐점이 높음 / 반려동물 및 유아 관련 서
비스업은 개점률 높아지는 추세

이렇게 분석했습니다

- 출처: 공정거래위원회 가맹사업거래 홈페이지

- 기간: 2017~2018년

- 대상: 프랜차이즈 가맹점 21만 개 업소의 개점·폐점 자료 분석

- 자료해석: 개점 수를 100%로 봤을 때, 폐점률을 비교하여 표시

유행은 생존과 직결된다

유행이란 소비자 선호와 돈의 흐름을 의미한다. 다른 요소는 제쳐두고 유행만 좇아서는 안 되지만, 그렇다고 유행을 파악하지 못하면 생존이 위태로워진다. 실제 자영업 성패에 유행 관여 비중은 상당하다. 상권 흥망성쇠와 오프라인 영업점의 개점·폐점에 큰 영향을 미치기 때문이다. 유행 타기 시작한 업종은 신규 개점 비율이 높고, 반대 경우는 폐점 비율이 높다. 동전의 양면처럼 개점률, 폐점률은 동시에 움직일 수밖에 없다. 성공적 창업을 위해 폐업 트렌드에도 주목해야 하는 이유가 바로 이것이다.

신상품이 나오면, 새로운 수요가 나타나 시장을 형성하는 것으로 종종 오해한다. 하지만 그 수요는 다른 부분에서 빠져나온 것이다. 이처럼 제로섬 게임이 벌어지는 것이 현실이다. 2017년부터 유행인 찐담배·전자담배가 예다. 이는 기존 담배 고객을 빼앗아간 것이라 볼 수 있다. 수제맥주도 마찬가지다. 생맥주·병맥주 시장을 위협하면서 시장에 자리 잡았다. 굴러들어온 돌이 박힌 돌을 빼고 자리 잡으면, 박힌 돌은 어느새 사라진다. 요즘은 관계가 더 복잡해져서 어떤 돌이 굴러들어오고 사라질지 예측하기 힘들다. 화장품, 의류, 유아용품, 액세서리, 서점, 가전, 가구 등 소매업은 온라인 쇼핑 영향으로 오프라인 점포가 줄었다.

외식업 시장도 마찬가지다. 1990년대 편의점에서 삼각김밥을 판매하기 시작하면서 가장 타격 받은 업종은 패스트푸드였다. 그전까지 승승장구하던 맥도날드, KFC, 파파이스, 롯데리아, 버거킹 등은 삼각김밥의 등장으로 패스트푸드 시장 재편 위기를 겪었다. 또한 요즘 '개인화', '맞춤형' 키워드가 유행하면서 보편적인 맛보다 특별한 맛을 찾는 고객이 많아졌다. 그래서 콘셉트가 일률적인 대형 점포보다 차별화된 소형 맛집이 유행이다. 이렇게 이종 간 경쟁관계뿐만 아니라 동종 신규 업태의 등장도 시장을 180도 바꾸곤 한다.

폐점률로 본 업종별 프랜차이즈 트렌드

앞서 언급했듯, 폐업률 증가 업종 분석으로 프랜차이즈 트렌드를

외식업 프랜차이즈 개점 수 대비 폐점 비율			단위 : %
업종	2016년 말	2017년 말	업종 현황
음료(커피 외)	14	100	폐점률 급상승
치킨	95	95	유지
주점	85	89	유지
중식	62	79	폐점률 상승
아이스크림·빙수	106	75	폐점률 감소
한식	49	58	폐점률 상승
피자	73	58	폐점률 감소
커피	50	55	유지
기타 외식	59	55	유지
패스트푸드	50	54	유지
분식	66	50	폐점률 감소
제과제빵	58	46	폐점률 감소
서양식	40	42	유지
일식	59	36	폐점률 감소
기타 외국식	24	24	유지

2017년 기준 외식업

단위: %

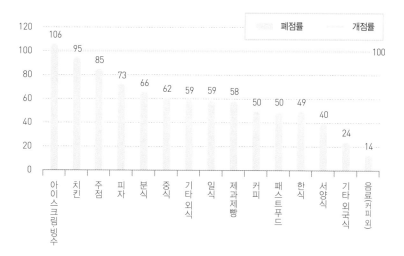

2018년 기준 외식업

단위: %

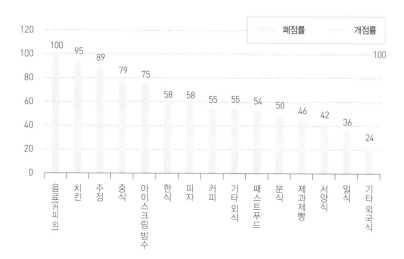

파악할 수 있다. 이와 함께 업종의 매출 비중 변화도 분석해보자.

'외식업 프랜차이즈 개점 수 대비 폐점 비율'(184쪽)을 보자. 개점 점포수에 비해 폐점 점포수가 많은 업종을 나타냈다. 2017년 말 폐점률이 높은 업종은 음료(커피 외), 치킨, 주점, 중식, 아이스크림·빙수 순이다. 가장 눈에 띄는 변화는 음료(커피 외)와 아이스크림·빙수 업종이다. 각각 2016년과 2017년 폐점률이 가장 높은 업종으로 뽑혔다. 이는 디저트 시장의 유행과 주기를 잘 나타내고 있다. 2014~2015년 유행 업종으로 급부상했던 빙수전문점은 2016년 폐점률이 늘어났다. 마찬가지로 저가 생과일주스점은 2016년 유행이었다. 하지만 2017년이 되자 그만큼 폐점률도 늘어났다. 이렇듯 불과 1년 만에 유행주기가 바뀌는 업종은 창업을 신중히 생각해야 한다.

반대로 2016~2017년 개점수가 폐점수 대비 2배 이상 높은(예, 서양식의 경우 2017년 말 폐점률 42%라면 100곳이 문 열 때 42곳이 폐점한다는 의미) 기타 외국식, 서양식은 유행주기가 디저트 시장보다 긴 것으로 나타났다.

패스트푸드 폐점률은 소폭 증가한 반면, 분식·피자전문 업종의 폐점률이 감소했다는 것도 주목할 만한 부분이다. 이외 치킨과 주점 업종은 매년 폐점률이 개점률과 비슷하게 유지되고 있는데 그만큼 손바꿈이 많은 업종이라고 해석할 수 있다.

두 번째로 '도소매업 프랜차이즈 폐점 비율'(188쪽) 분석했다. 2016년 폐점률이 가장 높은 업종은 (건강)식품이었으나, 2017년에는 화장품 업종이 가장 높았다. 이는 온라인 소비 증가로 오프라인 로드숍 매장이 감소했다고 풀이할 수 있다. 해당 분야 프랜차이즈 기

2017년 기준 도소매업

단위: %

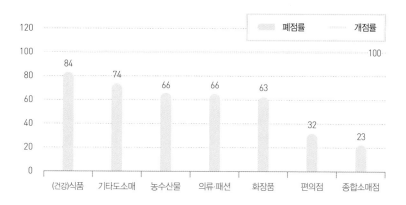

2018년 기준 도소매업

단위: %

업종	2016년 말	2017년 말	업종현황
화장품	63	122	폐점률 급상승
의류·패션	66	75	폐점률 상승
(건강)식품	84	62	폐점률 감소
기타도소매	74	49	폐점률 감소
농수산물	66	45	폐점률 감소
편의점	32	29	유지
종합소매점	23	21	유지

도소매업 프랜차이즈 폐점 비율 · 단위 : %

업이 전략적으로 매장 수를 줄이고 온라인에 집중하기 때문이다. (건강)식품, 기타도소매, 농수산물 업종을 보자. 폐점률이 감소했는데, 이는 시장에서 살아남은 점포가 안정기에 접어드는 추세로 이해할 수 있다. 편의점, 종합소매점은 폐점률이 낮았다.

세 번째로 '서비스업 프랜차이즈 폐점 비율'이다. 운송 업종 폐점률이 극단적으로 높은 이유는 수수료 없는 콜택시와 대리운전 서비스의 등장 때문이다. 이에 단시간 내 기존 시장이 축소되었다. 또 이 사업체와 외국어 학원도 수가 줄어들고 있다. 반면, 키즈카페, 놀이방 시설이 늘면서 유아관련 업종 폐점률은 줄었다. 반려동물 관련 점포도 증가한 것으로 나타났다. 깔끔하고 대형화된 PC방이 부상하고 있으며, 오락·스포츠 관련 업종은 꾸준히 유행이었다. 이 밖에 약국, 안경, 이미용 업종도 폐점률이 줄어들었다.

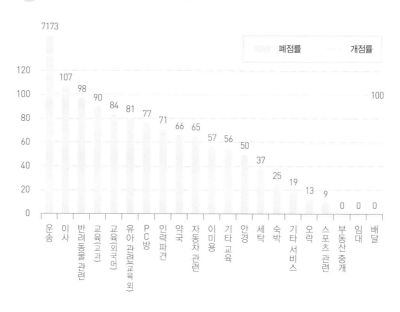

2017년 서비스업

단위: %

폐점률　개점률

운송	이사	반려동물관련	교육(교과)	교육(외국어)	유아 관련(교육 외)	PC방	인력파견	약국	자동차 관련	이미용	기타 교육	안경	세탁	숙박	기타 서비스	오락	스포츠 관련	부동산 중개	임대	배달
7173	107	98	90	84	81	77	71	66	65	57	56	50	37	25	19	13	9	0	0	0

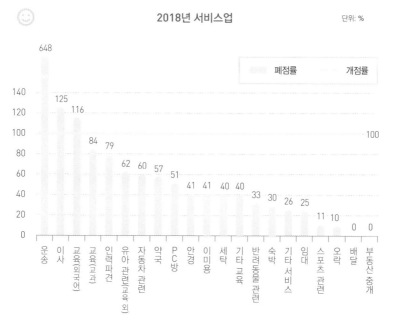

2018년 서비스업

단위: %

폐점률　개점률

운송	이사	교육(외국어)	교육(교과)	인력파견	유아 관련(교육 외)	자동차 관련	약국	PC방	안경	이미용	세탁	기타 교육	반려동물관련	숙박	기타 서비스	임대	스포츠 관련	오락	배달	부동산 중개
648	125	116	84	79	62	60	57	51	41	41	40	40	33	30	26	25	11	10	0	0

서비스업 프랜차이즈 폐점 비율 단위 : %

업종	2016년 말	2017년 말	업종현황
운송	7,173	646	폐점률 감소
이사	107	125	폐점률 상승
교육(외국어)	84	116	폐점률 상승
교육(교과)	90	84	유지
인력 파견	71	79	유지
유아 관련(교육 외)	81	62	폐점률 감소
자동차 관련	65	60	유지
약국	66	57	폐점률 감소
PC방	77	51	폐점률 감소
안경	50	41	폐점률 감소
이미용	57	41	폐점률 감소
세탁	37	40	유지
기타 교육	56	40	폐점률 감소
반려동물 관련	98	33	폐점률 감소
숙박	25	30	유지
기타 서비스	19	26	유지
임대	0	25	폐점률 상승
스포츠 관련	9	11	유지
오락	13	10	유지
배달	0	0	유지
부동산 중개	0	0	유지

점포 비중이 감소·증가하는 업종은?

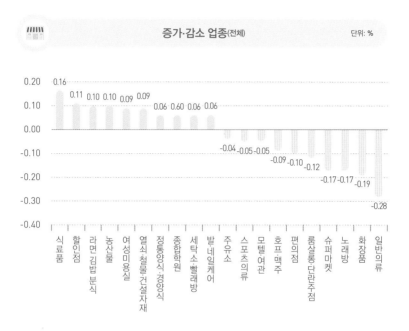

전체적으로 비중이 줄고 있는 업종은 일반의류, 화장품, 노래방 순이었다. 주로 중저가 소매업종, 유흥주점 경기가 좋지 않다는 점을 알 수 있다. 비중이 늘어나고 있는 업종은 식료품, 할인점, 분식업 순이었다. 한편 분식업, 여성미용실은 시장에서 이미 포화상태인 것으로 알려졌다. 그럼에도 점포수가 계속 늘어난다는 사실을 확인할 수 있다. 한편 학원, 세탁소, 농산물 등 아파트 단지나 주거밀집지역에서 볼 수 있는 업종의 비중이 늘고 있다는 점도 눈여겨볼 만하다.

음식업에서는 분식, 양식, 곱창, 동남아음식전문점(쌀국수) 비중이

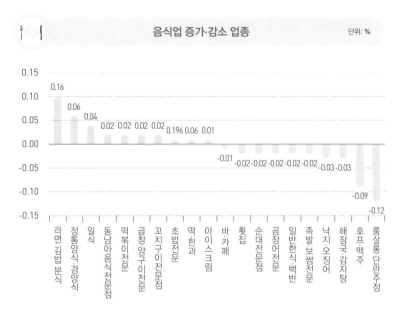

음식업 증가·감소 업종　　　　　단위: %

0.15
0.10　0.16
0.05　　0.06
0.00　　　0.04　0.02 0.02 0.02 0.02 0.196 0.06 0.01
-0.05　　　　　　　　　　　　　　　　-0.01 -0.02 -0.02 -0.02 -0.02 -0.02 -0.03 -0.03
-0.10　　　　　　　　　　　　　　　　　　　　　　　　　　　　-0.09
-0.15　　　　　　　　　　　　　　　　　　　　　　　　　　　　　　-0.12

라면·김밥·분식 / 정통양식·경양식 / 일식 / 동남아음식전문점 / 떡볶이전문 / 곱창·양구이전문 / 꼬치구이전문점 / 초밥전문 / 떡·한과 / 아이스크림 / 바·카페 / 횟집 / 순대전문점 / 곱장어전문 / 일반한식·백반 / 족발·보쌈전문 / 낙지·오징어 / 해장국·감자탕 / 호프·맥주 / 룸살롱·단란주점

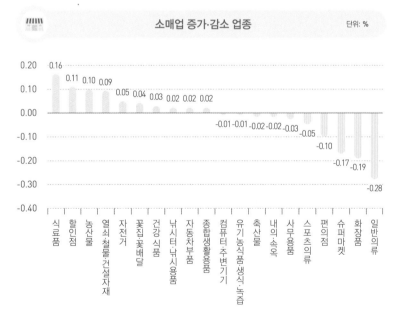

소매업 증가·감소 업종　　　　　단위: %

0.20　0.16
0.10　　0.11 0.10 0.09
0.00　　　　　　0.05 0.04 0.03 0.02 0.02 0.02
-0.10　　　　　　　　　　　　　　-0.01 -0.01 -0.02 -0.02 -0.03 -0.05
-0.20　　　　　　　　　　　　　　　　　　　　　　　　　-0.10
-0.30　　　　　　　　　　　　　　　　　　　　　　　　　-0.17 -0.19
-0.40　　　　　　　　　　　　　　　　　　　　　　　　　　　-0.28

식료품 / 할인점 / 농산물 / 열쇠·철물·건설자재 / 자전거 / 꽃집·꽃배달 / 건강식품 / 낚시터·낚시용품 / 자동차부품 / 종합생활용품 / 컴퓨터·주변기기 / 유기농식품·생식·녹즙 / 축산물 / 내의·속옷 / 사무용품 / 스포츠의류 / 편의점 / 슈퍼마켓 / 화장품 / 일반의류

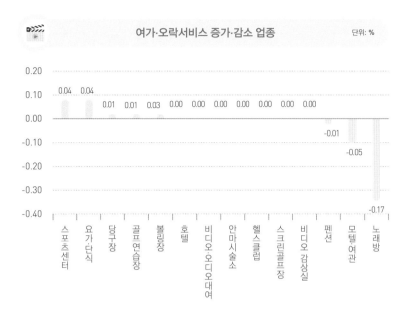

여가·오락서비스 증가·감소 업종

단위: %

스포츠센터	요가단식	당구장	골프연습장	볼링장	호텔	비디오·오디오대여	안마시술소	헬스클럽	스크린골프장	비디오감상실	펜션	모텔·여관	노래방
0.04	0.04	0.01	0.01	0.03	0.00	0.00	0.00	0.00	0.00	0.00	-0.01	-0.05	-0.17

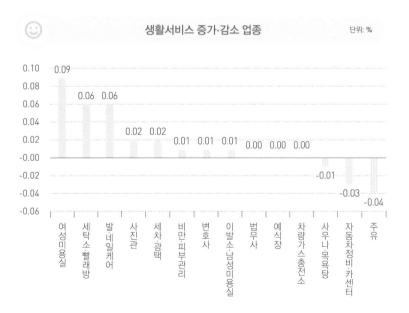

생활서비스 증가·감소 업종

단위: %

여성미용실	세탁소·빨래방	발네일케어	사진관	세차광택	비만·피부관리	변호사	이발소·남성미용실	법무사	예식장	차량가스충전소	사우나·목욕탕	자동차정비·카센터	주유
0.09	0.06	0.06	0.02	0.02	0.01	0.01	0.01	0.00	0.00	0.00	-0.01	-0.03	-0.04

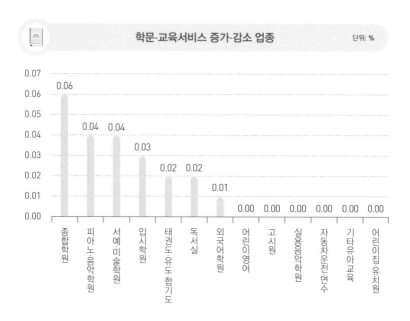

학문·교육서비스 증가·감소 업종   단위: %

0.07
0.06   0.06
0.05
0.04   0.04 0.04
0.03   0.03
0.02   0.02 0.02
0.01   0.01
0.00   0.00 0.00 0.00 0.00 0.00 0.00

종합학원 / 피아노·음악학원 / 서예·미술학원 / 입시학원 / 태권도·유도·합기도 / 독서실 / 외국어학원 / 어린이영어 / 고시원 / 실용음악학원 / 자동차운전·연수 / 기타유아교육 / 어린이집·유치원

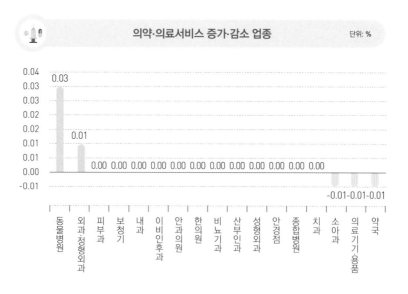

의약·의료서비스 증가·감소 업종   단위: %

0.04
0.03   0.03
0.03
0.02
0.02
0.02
0.01   0.01
0.01
0.00   0.00 0.00 0.00 0.00 0.00 0.00 0.00 0.00 0.00 0.00 0.00 0.00
-0.01   -0.01 -0.01 -0.01

동물병원 / 외과·정형외과 / 피부과 / 보청기 / 내과 / 이비인후과 / 안과의원 / 한의원 / 비뇨기과 / 산부인과 / 성형외과 / 안경점 / 종합병원 / 치과 / 소아과 / 의료기기·용품 / 약국

194

높아지는 것을 확인할 수 있다. 반대로 주류 판매 비중이 높은 주점, 횟집, 족발 등 점포는 줄고 있다.

소매 업종에서는 일반의류, 화장품 등 온라인 소비 비중이 큰 분야의 감소가 눈에 띈다. 반면, 식료품, 농산물, 건강식품, 종합생활용품점은 늘어나고 있다. 2017년까지 점포수 비중이 꾸준히 늘었던 편의점이 2018년부터 줄었다는 점도 눈에 띈다.

여가·오락서비스업에서는 유흥주점, 노래방, 숙박업소 비중이 줄었고 스포츠 관련 업종이 늘어났다. 생활서비스업의 경우 차량 관련 업종은 감소하고 미용 관련 업종이 늘어났다.

학문·교육서비스 업종은 전반적으로 활성화되고 있는 것으로 나타났다. 의약·의료서비스 업종에서 일반 병원은 큰 변화가 없었으나 물리치료 시설 등 외과 관련 비중이 늘었다. 특히 반려동물 증가세로 동물병원 비중이 높아졌다.

가성비 좋은
상권을 찾아라

Point

- 임차료 비중이 높은 업종
: 월 운영비가 적게 들어가는 서비스 업종(미용실, 학원, 헬스클럽, 노래방, 당구장, 독서실 등), 유동인구를 대상으로 하는 대로변 입점 업종(커피, 분식, 패스트푸드 등)

- 임차료 비중이 낮은 업종
: 매출 규모가 큰 업종(주유소, 가전제품, 가구 등), 재료비 비중이 높은 소매 업종(자동차, 곡물, 농수산물, 종합소매점 등)

- 임차료 대비 매출이 높은 지역
: 신도시, 신흥상권(목포 하당동, 죽전, 영통, 물금 등)

- 임차료 대비 매출이 낮은 지역
: 수도권 내 소형 점포 밀집 시장(종로 귀금속상가, 남대문시장, 용산 전자상가, 이화여대 앞 등)

이렇게 분석했습니다

- 기간: 2016년(통계청 임차료 비중), 2018년(임대시세)
- 대상: 임차료와 높은 상관관계 보이는 업종, (임차료 기준) 가성비 좋은 상권
- 출처: 나이스지니데이타, 통계청

강남·명동·홍대도 마냥 좋은 상권은 아니다

좋은 상권의 조건 중 하나는 입지다. 누구나 유동인구 풍부한 중심상권에 들어가고 싶을 것이다. 문제는 자금이다. 발품 팔아 좋은 자리를 찾더라도 거기에 걸맞은 임차료의 벽에 부딪히기 일쑤다. 강남, 명동, 홍대 상권이 장사가 잘 되는 곳이라는 것을 모르는 사람은 없다. 다만 비싸서 못 들어갈 뿐이다. 동네 상권에서도 대로변, 코너, 버스정류장 가까운 곳, 횡단보도·지하철역 출구 방향, 주거단지 초입, 멀리서 잘 보이는 자리, 1층이 비싼 이유는 그만큼 좋은 자리이기 때문이다.

이렇게 되면 '장사는 목'이라는 말을 조금 더 뜯어볼 필요가 있다. 투자금이 넉넉하지 않은 창업자에게는 무조건 사람이 몰리는 비싼 자리가 좋은 목이라고 할 수 없기 때문이다. 중요한 것은 투자금에 걸맞으면서도 목표수익을 달성할 수 있는 자리를 찾는 것이다. 이런 '맞춤형 입지'를 찾기 위해 필수로 알아야 하는 것이 바로 상권·업종별 매출과 임차료 간 상관관계다.

임차료가 특히 중요한 업종은?

점포당 월별 매출을 100%라 해보자. 이때 임차료 비중을 살펴보면, 임차료가 특히 중요한 업종과 그렇지 않은 업종을 구분할 수 있다.

먼저, '임차료 비중이 높은 업종'을 살펴봤다. 비용 항목은 크게 재료비, 임차료, 인건비, 공과비·카드수수료, 기타 경비, 초기 투자비에 대한 감가상각비 등이다. 임차료 비중이 크다는 것은 그만큼

순위	업종	사업체수(개)	사업체당 월평균 매출(원)	사업체당 월평균 임차료(원)	임차료 비중(%)
1	독서실 운영업	5,084	625만 2,655	157만 2,581	25.2
2	당구장 운영업	1만 3,544	319만 2,859	69만 712	21.6
3	비디오물 감상실 운영업	477	481만 4,815	97만 5,367	20.3
4	기타미용업	1만 1,388	331만 6,591	64만 6,997	19.5
5	노래연습장 운영업	3만 3,282	526만 5,344	94만 2,749	17.9
6	마사지업	8,271	497만 7,250	88만 5,373	17.8
7	무도유흥 주점업	1,420	1,931만 4,554	332만 9,577	17.2
8	컴퓨터 게임방 운영업	1만 1,344	672만 9,674	103만 1,279	15.3
9	여관업	2만 3,741	1,025만 4,472	155만 763	15.1
10	인물사진 및 행사용 비디오 촬영업	7,530	789만 4,920	119만 3,471	15.1
11	피부미용업	1만 6,747	430만 1,074	64만 7,827	15.1
12	볼링장 운영업	667	2,754만 4,353	412만 6,187	15.0
13	기타 미용관련 서비스업	2,233	545만 8,016	77만 8,624	14.3
14	스포츠 교육기관	2만 1,875	503만 2,076	67만 5,912	13.4
15	이용업	1만 5,709	167만 7,886	22만 4,516	13.4
16	두발미용업	9만 5,822	438만 9,817	58만 710	13.2
17	체력단련시설 운영업	8,169	1,245만 4,493	163만 5,135	13.1
18	일반유흥 주점업	2만 8,496	854만 2,629	109만 1,139	12.8
19	비알콜 음료점업	6만 8,345	1,008만 6,438	115만 274	11.4
20	자동차 세차업	7,368	510만 140	56만 3,880	11.1
21	외국어학원	1만 5,188	1,829만 9,683	197만 3,065	10.8
22	기타 외국식 음식점업	2,706	2,159만 1,833	226만 4,197	10.5
23	기타 주점업	9만 3,847	736만 2,336	76만 3,126	10.4
24	예술 학원	3만 8,120	399만 6,159	41만 1,901	10.3
25	컴퓨터 학원	1,352	2,036만 1,501	203만 9,633	10.0

임차료 비중이 낮은 업종

순위	업종	사업체수(개)	사업체당 월평균 매출(원)	사업체당 월평균 임차료(원)	임차료 비중(%)
1	기타 자동차신품 부품 및 내장품 판매업	1만 3,951	1억 6,675만 5,663	81만 7,934	0.5
2	차량용 주유소 운영업	1만 2,139	2억 6,008만 2,352	148만 5,028	0.6
3	자동차신품 판매업	3,330	10억 729만 3,343	615만 2,152	0.6
4	종합 병원	335	77억 2,706만 9,403	4,983만 1,841	0.6
5	차량용 가스 충전업	1,806	2억 6,181만 8,199	265만 1,255	1
6	전자상거래업	1만 4,573	1억 4,676만 4,925	184만 4,478	1.3
7	곡물 소매업	5,267	1,736만 9,138	22만 4,907	1.3
8	자동차 타이어 및 튜브 판매업	4,317	6,945만 2,475	100만 4,517	1.4
9	중고 자동차 판매업	5,850	1억 1,375만 6,254	180만 8,504	1.6
10	육류 소매업	2만 3,267	3,024만 8,754	50만 401	1.7
11	그외 기타 분류 안된 상품 전문 소매업	4,436	1,875만 7,251	31만 3,702	1.7
12	사무용 기기 소매업	1,138	2,491만 442	42만 2,818	1.7
13	컴퓨터 및 주변장치 소프트웨어 소매업	4,997	3,055만 4,466	53만 3,036	1.7
14	철물 및 난방용구 소매업	1만 3,015	1,094만 5,102	21만 225	1.9
15	수산물 소매업	2만 1,739	1,346만 4,074	26만 7,296	2.0
16	페인트 유리 및 기타 건설자재 소매업	6,704	1,887만 8,456	38만 5,665	2.0
17	부동산 자문 및 중개업	9만 1,949	1,235만 747	25만 4,952	2.1
18	모터사이클 및 부품 소매업	1,494	2,684만 1,198	55만 6,950	2.1
19	슈퍼마켓	1만 1,446	2억 6,378만 2,391	550만 5,446	2.1
20	방문 판매업	5,253	9,603만 3,124	207만 658	2.2
21	기타 식료품 소매업	1만 7,102	1,239만 7,161	28만 1,765	2.3
22	건강보조식품 소매업	8,510	2,314만 6,318	53만 9,649	2.3
23	의약품 및 의료용품 소매업	2만 3,647	6,904만 5,686	162만 960	2.3
24	골프장 운영업	422	8억 1,144만 4,510	2,006만 7,536	2.5
25	전기용품 및 조명장치 소매업	5,473	1,545만 9,392	39만 3,873	2.5

순위	업종	사업체수(개)	사업체당 월평균 매출(원)	사업체당 월평균 임차료(원)	임차료 비중(%)
			음식업 임차료 비중 순위		
1	비알콜 음료점업	6만 8,345	1,008만 6,438	115만 274	11.4
2	기타 외국식 음식점업	2,706	2,159만 1,833	226만 4,197	10.5
3	기타 주점업	9만 3,847	736만 2,336	76만 3,126	10.4
4	피자 햄버거 샌드위치 및 유사 음식점업	1만 6,277	2,644만 6,525	225만 56	8.5
5	서양식 음식점업	1만 1,301	3,328만 241	276만 4,755	8.3
6	일식 음식점업	1만 39	2,742만 37	223만 1,879	8.1
7	분식 및 김밥 전문점	4만 4,466	742만 7,932	58만 3,335	7.9
8	중식 음식점업	2만 3,263	1,605만 3,164	121만 8,401	7.6
9	빵 및 과자류 소매업	3,367	1,216만 6,592	90만 851	7.4
10	치킨 전문점	3만 4,303	1,017만 396	73만 1,464	7.2
11	한식 음식점업	3만 5,766	1,528만 8,034	105만 8,462	6.9
12	제과점업	1만 8,403	2,689만 2,255	184만 1,625	6.8
13	기타 음식점업	4,892	2,802만 6,080	183만 4,083	6.5

타 비용 항목 비중이 낮다는 뜻이기도 하다. 순위권의 업종은 대부분 초기 투자비가 높은 편이다. 그러나 월 운영비는 크지 않고(재료비가 없거나 크지 않음), 인건비가 많이 소요되는 서비스업이 대부분이다. 대표적으로 미용실, 학원, 헬스클럽, 노래방, 당구장 등이다. 사업체당 월평균 매출 1,000만 원 미만의 영세한 업종이 많이 포함되어 있다는 특징도 있다.

반대로 '임차료 비중이 낮은 업종'(199쪽)은 매출규모가 크고 재료비 비중이 높은 소매업이 많았다. 몇몇 업종은 굳이 사람이 몰리는 지역에 입점하지 않아도 되는 입지자유형 또는 특수목적형으로 분류되기도 한다.

'음식업 임차료 비중 순위'도 분석해보았다. 커피, 외국식 음식점업, 주점, 패스트푸드 같이 유동인구가 많은 곳에서 잘 되는 업종은 임차료 비중이 높았다. 중식, 치킨 등 배달 위주 업종이나 제과점 같이 소매업 특성을 가진 업종은 임차료 비중이 낮은 것으로 분석되었다.

임차료 높을수록 매출도 높을까

앞서 업종별로 임차료 비중이 어느 정도인지 살펴보았다. 이번에는 임차료가 높은 상권일수록 실제 매출도 높은지 분석해보자.

주요 상권 1,135개 업종별 추정 매출과 임대시세 상관관계를 분석했다. '매출―임차료 상관관계가 나타난 업종'(203쪽)을 보자. 그결과 상관도가 나타난 업종은 닭·오리요리(호프), 한식, 미용서비스, 커피·음료, 분식 순이었다. 즉, 이들은 임차료가 높을수록 매출도 높아지는 업종이다. 좋은 위치가 매출과 직결될 가능성이 높다. 대부분 유동인구가 뒷받침되어야 하는 음식 업종이 순위권에 올랐다.

반대로 임차료가 매출에 큰 영향을 미치지 않는 업종도 있다. '매출―임차료 상관관계가 나타나지 않는 업종'을 볼 때, 매장당 매출규모가 큰 소매업(자동차 관련, 가전제품, 주유소 등)이나, 유동인구보다 주거인구가 더 중요한 업종(세탁소, 인테리어, 유아교육, 수의업 등), 특수목적

단위 : 원

순위	지역	주요 상권명	제곱미터당 월세환산가
1	서울 강남구	코엑스	22만 8,500
2	서울 중구	명동	21만 2,580
3	경기 수원시	수원역	15만 3,900
4	서울 중구	남대문시장	14만 6,570
5	서울 중구	신당역	14만 3,673
6	부산 북구	덕천역	13만 6,875
7	서울 영등포구	당산역	12만 5,675
8	서울 중구	동대문시장	12만 480
9	서울 관악구	사당역	11만 6,867
10	서울 강남구	대치역	11만 6,175
11	서울 강남구	은마아파트입구사거리	11만 5,325
12	서울 서초구	고속터미널역	11만 5,200
13	서울 서초구	강남역(10번 출구)	11만 3,179
14	서울 서초구	양재동 꽃시장	11만 2,300
15	서울 중구	서울시청	10만 7,829
16	서울 종로구	종묘앞	10만 7,700
17	서울 종로구	종각역 젊음의거리	10만 5,993
18	서울 강남구	강남역(11번 출구)	10만 5,546
19	서울 강남구	대치역	10만 4,800
20	경기 성남시	카페거리	10만 4,583
21	서울 강남구	신논현역(5번 출구)	10만 3,362
22	서울 강남구	신사동가로수길	10만 2,360
23	경기 성남시	미금역	10만 1,700
24	경기 구리시	돌다리사거리	10만 1,400
25	서울 마포구	디지털미디어시티	9만 8,900
26	서울 종로구	동대문시장	9만 4,133
27	서울 종로구	인사동	9만 3,920
28	경기 안양시	범계역	9만 2,882
29	경기 안양시	안양역	9만 1,692
30	서울 서초구	강남역(서초 초등학교 앞)	9만 1,556

매출-임차료 상관관계가 나타난 업종				매출-임차료 상관관계가 나타나지 않는 업종		
순서	업종	상관계수		순서	업종	상관계수
1	닭·오리요리	0.46		1	차량판매	- 0.04
2	한식	0.45		2	주유소·충전소	- 0.03
3	미용서비스	0.44		3	차량관리·부품	- 0.02
4	커피·음료	0.43		4	자동차학원	0.01
5	분식	0.42		5	가전제품	0.04
6	일식·수산물	0.41		6	사우나·휴게시설	0.04
7	양식	0.37		7	종합소매점	0.04
8	중식	0.36		8	예식·의례	0.05
9	별식·퓨전요리	0.35		9	세탁·가사서비스	0.05
10	간이주점	0.34		10	차량관리	0.06
11	고기요리	0.33		11	뷔페	0.07
12	제과·제빵·떡·케이크	0.32		12	인테리어·소품	0.08
				13	법무세무회계	0.09
				14	수의업	0.10
				15	유아교육	0.11

※ 상관계수는 1에 가까울수록 상관도가 있고, 0에 가까울수록 상관도가 없다
※ -1인 경우 음의 상관관계가 있다고 판단한다
※ 상관도가 나타난다고 판정할 수 있는 0.3 이상인 업종만 선별했다

형 업종(예식장, 법무세무회계, 사우나 등)이었다. 이들은 굳이 임차료가 높은 상권에 입점하지 않아도 충분한 매출을 올릴 수 있는 업종이라 할 수 있다.

임차료 대비 매출 높은 가성비 상권은?

임차료와 매출수준을 비교해보면 대략적인 가성비를 도출할 수 있다. 먼저 주요 상권 전체를 임차료 순위로 정렬하여 10등급으로 나눈다. 그리고 같은 방식으로 점포당 평균매출 순위로 정렬하여 10등급으로 나눈다. 이후 임차료 등급과 평균매출 등급을 비교해보면 된다.

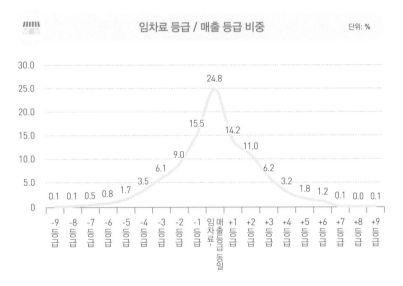

임차료 등급 / 매출 등급 비중　　단위: %

※ 등급: -9등급에 가까울수록 임차료는 높은데, 매출은 낮다는 뜻. +9등급에 가까울수록 임차료는 낮은데 매출이 높다는 뜻

임차료 1등급인 강남, 삼성, 사당, 시청, 가로수길, 판교, 대학로, 목동, 종각 등 주요 상권은 실제 매출도 1등급 수준인 것으로 나타났다. 높은 임차료만큼 매출도 높은 상권임을 알 수 있다. 2등급에 속하는 연신내, 신림, 서울대입구, 서면, 용산 등의 상권은 매출도 2

지역	상권 명	제곱미터당 임차료(원)	임차료 등급	점포당 평균매출(원)	매출 등급	효율 등급
전남 목포시	하당동	1만 2,667	10	7,385만 1,862	1	+9
대구 북구	산격2동	1만 1,375	10	4,228만 3,709	3	+7
전북 전주시	서신동	2만 4,500	7	6,749만 2,381	1	+6
경기 용인시	죽전역	2만 3,700	7	1억 1,210만 6,177	1	+6
충남 천안시	부성동	2만 2,117	7	6,356만 5,081	1	+6
울산 남구	삼산동	2만 905	8	5,336만 8,092	2	+6
경북 구미시	형곡1동	2만 333	8	4,666만 1,829	2	+6
울산 남구	삼산동	1만 9,155	8	4,624만 1,514	2	+6
충남 천안시	신방동	1만 7,750	9	3,948만 3,268	3	+6
전남 목포시	이마트(목포점)	1만 7,100	9	3,700만 3,544	3	+6

등급이었다. 이런 식으로 임차료 등급이 매출 등급과 일치하는 경우는 전체 25% 수준이었다. 임차료 등급 대비 매출 등급이 조금 높거나 낮은 경우(±2등급)가 전체 75%로 분석되어 임차료와 매출은 높은 상관관계가 있는 것으로 나타났다.

임차료 대비 점포당 평균매출이 높은 상권을 알아보자. 주로 지방 신도시 상권이 꼽혔다. 단, 임차료는 매출 결정의 변수라기보다 매출에 의해 사후적으로 결정되는 변수다. 임대차 계약 주기에 따라 반영되기 때문에 임차료가 오르거나 내릴 경우 분석 결과는 달라질 수 있다. 2019년 기준으로 신흥 주요상권이 임차료 대비 우수한 가성비 상권임을 추론할 수 있다.

'임차료 대비 점포당 평균매출 낮은 상권'을 보자. 임차료 등급

지역	상권 명	제곱미터당 임차료(원)	임차료 등급	점포당 평균매출(원)	매출 등급	효율 등급
서울 종로구	종묘앞	10만 7,700	1	699만 4,630	10	-9
광주 서구	양동시장	7만 209	1	1,250만 5,788	9	-8
서울 중구	남대문시장	14만 6,570	1	1,690만 9,660	8	-7
서울 용산구	용산 전자상가	4만 5,600	3	856만 1,140	10	-7
경기 가평군	가평터미널	4만 5,000	3	1,114만 4,844	10	-7
대구 중구	대신동	4만 3,863	3	996만 3,106	10	-7
충남 천안시	성환읍	4만 2,720	3	1,195만 5,566	10	-7
서울 중구	동대문시장	12만 480	1	2,056만 5,173	7	-6
서울 서대문구	이대역	8만 3,977	1	2,134만 1,723	7	-6
서울 종로구	종묘앞	7만 8,950	1	2,213만 5,324	7	-6

대비 매출 등급이 낮은 상권은 주로 점포당 임대면적이 작은 대형 시장, 교통시설 내 상가, 집합상가 등이 뽑혔다. 여기서 사람이 많이 모이는 곳(비싼 상권)은 소형 점포가 모여 시장을 이룬다는 특징을 발견할 수 있다. 지역 평균 임대시세와 점포당 매출을 비교한 결과이므로(면적당 매출을 모르기 때문에) 이런 지역이 가성비가 안 좋다고 단정하기는 어렵다. 하지만 비싼 상권의 대형 점포 입점은 그만큼 위험부담이 크다는 것을 말한다.

뭉치면 좋은 업종,
흩어져야 좋은 업종은?

Point

- 같은 상권단위에 인접할수록 유리한 업종과 멀리 떨어져 있을수록 유리한 업종이
  따로 있음
- 뭉치면 유리한 업종
  : 매장이 작고 이용빈도가 많은 업종
- 흩어져야 유리한 업종
  : 매장이 크고 이용빈도가 많지 않은 업종

이렇게 분석했습니다

- 시점: 2018년 말 기준
- 방법: 업종별 밀집지역과 비밀집지역 매출액 비교, 상호보완관계의 이(異)업종 분석
- 출처: 나이스지니데이타

경쟁자 있는 상권 vs 나 홀로 상권

커피전문점 창업을 준비하는 A씨는 후보지 두 군데 중 어느 곳으로 선택할지 고민에 빠졌다. 한 곳은 잘 되는 브랜드 커피전문점이 있고, 한 곳은 주변에 커피전문점이 없다. 유동인구가 많은 것으로 따지면 브랜드 커피전문점 주변이 낫지만, 경쟁에서 이길 만한 특별한 맛이나 매장규모를 갖추기는 어려울 것 같다. 그렇다고 다른 곳에 창업하자니 유동인구도 적고, 커피 마실 만한 주변 고객을 예상하기 어렵다. 이 경우 A씨는 어디에 창업하는 것이 유리할까?

이는 로드숍 창업을 준비하는 예비창업자라면 꼭 한 번 맞닥뜨리게 되는 문제다. 일반적으로 전문가는 경쟁관계가 아닌 보완관계의 점포가 있는 곳을 권장한다. 그러나 그런 조건의 공백지역을 찾기란 쉽지 않다. 결국 소상공인이 창업할 만한 업종은 대부분 경쟁점이 있다는 가정하에 준비해야 한다. 밀집해 있을 때 유리한 업종과 떨어져 있을 때 유리한 업종이 무엇인지 알고 준비하면 큰 도움이 된다.

어떤 업종끼리 붙어있고, 떨어져 있을까

동업종 간 밀집하는지 떨어져 있는지 비교·분석해보았다. 음식업은 주로 밀집하는 경향이 두드러졌다. 뒤이어 교육, 생활, 여가·오락 서비스가 비슷한 수치로 분석되었으며, 소매업, 의료서비스, 문화서비스는 상대적으로 분산되어 있었다.

'대분류 업종별 블록당 점포수'를 보자. 밀집 업종의 유형은 크게 2가지다. 먼저, 개별 점포는 소규모지만 밀집되면서 전체 규모도 커져 집객효과(고객 모집 효과)가 나타나는 업종이다. 대표적으로 한식, 커피, 분식 같은 소형 음식점이나 의류, 수산물, 패션잡화, 화장품 등 소매점이다. 이런 업종은 대표적 시장(신당동 떡볶이, 정자동 카페거리, 동대문 의류상가, 노량진 수산시장, 명동 화장품 등)이 있다. 이들은 안에서는 서로 경쟁하는 것처럼 보이지만, 밖에서 볼 때는 밀집효과가 나타나 고객을 끌어들이기 때문에 협력관계에 있다고도 볼 수 있다.

순위	업종	블록당 평균 점포수
	대분류 업종별 블록당 점포수	
1	음식	1.48
2	교육서비스	1.39
3	생활서비스	1.38
4	여가·오락서비스	1.38
5	소매	1.31
6	의료서비스	1.27
7	문화서비스	1.09

다음으로, 특수 목적을 가진 서비스 업종이다. 유흥업소, 학원가, 법무 세무회계, 병원 등이다. 이런 업종도 집중 분포하여 밀집효과를 낸다. 신도시 같이 중심 상업지구를 계획적으로 조성할 때 소형 음식점이나 소매업이 건물 지하, 1층, 2층에 배치된다. 3층, 4층은 병원, 유흥업소로 배치되는 경우가 많다. 업종별 밀집효과를 잘 보여주는 사례다.

반대로 밀집하지 않는 업종 특징을 살펴보면, 일단 점포별 면적이 넓고 이용 주기가 길다. 예를 들어, 대형 서점, 영화관, 종합병원, 사우나, 예식장 등이다. 이 업종을 찾는 고객은 목적성이 강해서 한 번 선택하고 나면, 짧은 시간 내에 비슷한 시설의 선택 가능성이 거의 없다. 따라서 근접 지역에 경쟁시설이 있을 경우, 고객이 나뉘고 매출이 떨어질 것이라 예상할 수 있다.

소분류 업종별 밀집도 높은 업종

순위	업종	블록당 평균 점포수
1	일반한식·백반	2.33
2	일반유흥주점	2.2
3	일반의류	1.96
4	스포츠의류	1.88
5	성형외과	1.7
6	횟집	1.7
7	모텔·여관	1.69
8	입시학원	1.68
9	수산물	1.67
10	스키장비	1.67
11	잡화점	1.65
12	변호사	1.64
13	룸살롱·단란주점	1.62
14	종합학원	1.6
15	여성미용실	1.6
16	호프·맥주	1.57
17	가구	1.52
18	노래방	1.52
19	화장품	1.49
20	라면·김밥·분식	1.47
21	액세서리	1.46
22	커피전문점	1.45
23	펜션	1.44
24	자동차정비·카센터	1.44
25	치과	1.42
26	외국어학원	1.4
27	시계·귀금속	1.4
28	인삼제품	1.39
29	약국	1.37
30	농산물	1.37

소분류 업종별 밀집도 낮은 업종

순위	업종	블록당 평균 점포수
1	비디오·오디오대여	1.01
2	사철탕전문	1.01
3	영화연극	1.02
4	자동차	1.02
5	보리밥전문	1.02
6	종합병원	1.02
7	바비큐전문	1.02
8	토스트전문	1.03
9	자동차운전·연수	1.03
10	한정식전문	1.03
11	도넛전문	1.03
12	파전전문	1.03
13	쌈밥전문	1.03
14	유기농식품·생식·녹즙	1.03
15	갈치·생선구이	1.03
16	갈매기살	1.04
17	주류판매점	1.04
18	샌드위치전문점	1.04
19	보일러·냉난방용품	1.04
20	생선찜전문	1.04
21	해물찜·탕전문	1.04
22	사우나·목욕탕	1.04
23	설렁탕집	1.04
24	두부요리전문	1.04
25	이발소·남성미용실	1.05
26	콩나물국밥	1.05
27	삼계탕전문	1.05
28	재활용품	1.05
29	레저용품	1.05
30	이자카야	1.05

밀집도가 큰 업종과 분산된 업종은 그 성격이 확연히 구분된다. 일반적으로 수가 많고 이용주기가 짧은 업종일수록 밀집하는 것이 유리하다. 반대로 특수한 성격을 갖는 업종일수록 멀리 떨어져 있는 것이 유리하다. 예를 들어, 한식집 창업은 밀집한 주변이 유리하고, 토스트전문점은 주변에 동업종이 없는 곳을 찾아야 바람직하다. 호프·맥줏집 창업은 밀집한 곳을 찾고, 이자카야는 주변에 동업종이 없는 곳을 찾아야 성공 확률이 높다.

이때 주의할 점은 '내 점포의 목적은 특수할 것이다'라는 점주의 생각만을 반영하면 안 된다는 것이다. 항상 고객 입장에서 목적성을 생각해야 한다(예, 주류업 밀집 상권에서 이자카야는 특수업종이 아니라 일반업종에 속할 수 있다).

소형 점포는 모이는 것이 유리할까

실제 소규모 점포는 모여 있을 때 효과가 있을까? 밀집효과를 분석하기 위해 밀집상권과 분산상권의 점포당 월평균 매출 수준을 비교했다. 점포 규모나 조건이 비슷한 업종의 경우, 밀집 지역의 점포당 평균매출이 해당 시·도 평균매출 수준보다 높은 것을 확인할 수 있다.

결과를 보면 같은 업종이라도 소형이면 밀집하고, 대형이면 분산해야 유리하다는 점을 알 수 있다. 영업이 잘 되는 대형 점포가 있으면, 주변 소형 점포가 낙수효과를 볼 수도 있다. 낙수효과가 아니더라도 소비자 선택은 다양하기 때문에 큰 점포 대신 작은 점포를 선택할 가능성도 있다. 예를 들어, 대형마트 근처 편의점 운영이 어

꽃집·꽃배달업 밀집지역 매출-해당 시·도 평균매출 비교

꽃집·꽃배달업 밀집지역 매출-해당 시·도 평균매출 비교   단위: 원

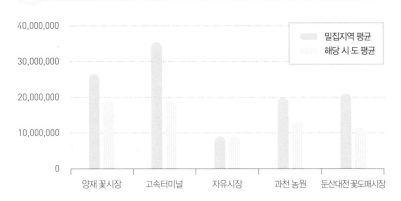

주요 꽃집·꽃배달업 밀집지역 매출효과

지역	상권(상가) 명	밀집점포수	시·도 평균 대비(%)
서울특별시 서초구 양재2동	양재 꽃시장	94	38.6
서울특별시 서초구 반포4동	고속터미널	74	84.7
부산광역시 동구 범일2동	자유시장	29	1.3
경기도 과천시 과천동	과천 농원	27	50.9
대전광역시 서구 둔산2동	둔산대전 꽃도매시장	26	79.4

렵지 않을까 예상할 수 있다. 하지만 실제로 일반상권의 지점보다 매출이 높아 편의점 점포개발 담당자도 나서서 찾는 자리다.

그럼 앞서 두 군데 자리를 놓고 고민하던 A씨에게는 어디를 추천할 수 있을까? 구체적인 상황에 따라 다를 수 있지만 일반적인 경우라면 대형 브랜드 커피전문점 주변으로 창업을 하는 것이 더 유

입시학원 밀집지역 매출-해당 시·도 평균매출 비교

단위: 원

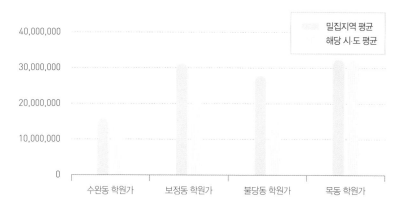

주요 입시학원 밀집지역 매출효과

지역	상권(상가) 명	밀집점포수	시·도 평균 대비(%)
광주광역시 광산구 수완동	수완동 학원가	38	1.6
경기도 용인시 보정동	보정동 학원가	30	48.7
충청남도 천안시 불당동	불당동 학원가	29	84.7
서울특별시 양천구 목5동	목동 학원가	29	1.7

리할 것으로 판단된다. 업종 특성상 소비주기가 짧고, 밀집한 곳에서 매출이 높게 발생하며, 창업자의 점포가 소형일 것으로 예상되기 때문이다.

신발업 밀집지역 매출-해당 시·도 평균매출 비교   단위: 원

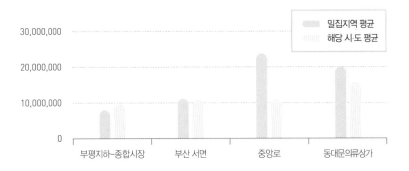

주요 신발업 밀집지역 매출효과

지역	상권(상가)명	밀집점포수	시·도평균 대비(%)
인천광역시 부평구 부평4동	부평지하~종합시장	25	-18.6
부산광역시 부산진구 부전1동	부산 서면	24	3.2
대전광역시 중구 은행선화동	중앙로	14	123.8
서울특별시 중구 광희동	동대문의류상가	14	28.6

모이면 상생하는 업종은?

다른 업종임에도 시너지 효과가 나는 조합은 무엇이 있을까? 음식, 소매, 서비스업에 해당하는 대표 업종을 기준으로 매출이 높은 업종의 매출 상관관계를 분석했다(일반적인 한식이나 편의점 같이 입지자유형 업종은 제외). '모이면 시너지 효과 나는 업종'을 보자.

시너지 효과가 나는 경우는 크게 2가지다.

기준 업종	연관 순위	연관 업종	기준 업종	연관 순위	연관 업종
화장품	1	여성미용실	정통양식·경양식	1	커피전문점
	2	안경점		2	여성미용실
	3	제과점		3	라면·김밥·분식
	4	라면·김밥·분식		4	호프·맥주
	5	치과		5	일식
발·네일케어	1	여성미용실	일식	1	호프·맥주
	2	안경점		2	라면·김밥·분식
	3	피부과		3	커피전문점
	4	커피전문점		4	정통양식·경양식
	5	비만·피부관리		5	당구장
비만·피부관리	1	여성미용실	횟집	1	족발·보쌈전문
	2	피부과		2	참치전문점
	3	발·네일케어		3	꼬치구이전문점
	4	치과		4	당구장
	5	한의원		5	노래방
여성미용실	1	안경점	제과점	1	라면·김밥·분식
	2	피부과		2	아이스크림
	3	커피전문점		3	죽전문점
	4	라면·김밥·분식		4	안경점
	5	치과		5	약국
세탁소·빨래방	1	태권도·유도·합기도	아이스크림	1	제과점
	2	피아노·음악학원		2	안경점
	3	제과점		3	죽전문점
	4	편의점		4	여성미용실
	5	여성미용실		5	떡볶이전문
모텔·여관	1	일반유흥주점	커피전문점	1	라면·김밥·분식
	2	룸살롱·단란주점		2	여성미용실
	3	당구장		3	편의점
	4	호프·맥주		4	정통양식·경양식
	5	안마시술소		5	일반한식·백반
당구장	1	노래방	독서실	1	입시학원
	2	호프·맥주		2	종합학원
	3	소주방·포장마차		3	제과점
	4	라면·김밥·분식		4	서예·미술학원
	5	꼬치구이전문점		5	어린이영어

모이면 시너지 효과 나는 업종   단위: %

분류	순위	업종	분류	순위	업종
노래방	1	당구장	태권도·유도·합기도	1	피아노·음악학원
	2	호프·맥주		2	세탁소·빨래방
	3	꼬치구이전문점		3	제과점
	4	소주방·포장마차		4	입시학원
	5	후라이드·양념치킨		5	서예·미술학원
꼬치구이전문점	1	노래방	피아노·음악학원	1	태권도·유도·합기도
	2	곱창·양구이전문		2	세탁소·빨래방
	3	호프·맥주		3	제과점
	4	당구장		4	서예·미술학원
	5	소주방·포장마차		5	입시학원
호프·맥주	1	노래방	입시학원	1	독서실
	2	당구장		2	종합학원
	3	소주방·포장마차		3	외국어학원
	4	라면·김밥·분식		4	서예·미술학원
	5	후라이드·양념치킨		5	피아노·음악학원
곱창·양구이전문	1	꼬치구이전문점	안경점	1	여성미용실
	2	소주방·포장마차		2	약국
	3	노래방		3	치과
	4	호프·맥주		4	아이스크림
	5	당구장		5	라면·김밥·분식
찜닭전문점	1	떡볶이전문	약국	1	내과
	2	라면·김밥·분식		2	이비인후과
	3	동남아음식전문점		3	치과
	4	닭갈비전문		4	피부과
	5	초밥전문		5	소아과
동남아음식전문점	1	정통양식·경양식	내과	1	약국
	2	커피전문점		2	치과
	3	참치전문점		3	피부과
	4	라면·김밥·분식		4	이비인후과
	5	부대찌개·섞어찌개		5	한의원
죽전문점	1	약국	치과	1	약국
	2	제과점		2	피부과
	3	아이스크림		3	한의원
	4	라면·김밥·분식		4	내과
	5	떡볶이전문		5	안경점
라면·김밥·분식	1	커피전문점	성형외과	1	피부과
	2	제과점		2	내과
	3	여성미용실		3	안과의원
	4	안경점		4	치과
	5	당구장		5	한의원

첫 번째, 연계소비가 일어나는 관계다. 병원 방문 후 약국에 가거나, 밥 먹고 커피 마시는 등 자연스럽게 이어지는 소비패턴에 따라 업종이 밀집하는 경우에 매출 증대효과가 나타난다.

두 번째, 모이면서 시너지 효과가 나타나는 업종이다. 주로 술을 취급하는 음식업, 식사 위주 음식업, 학원, 병원 등 밀집하여 시너지 효과를 낼 수 있다.

이 외에도 간혹 전혀 다른 업종끼리 뭉쳐 있는 경우도 있다. 죽 전문점-약국, 세탁소-학원-제과점-편의점, 미용관련-안경점-분식-커피-이동통신기기 등 관계가 그렇다. 이들은 업종 성격이 아닌 주거지역·상업지역에 몰려있는 등 '입지특성'이 유사하다는 공통점이 있다.

몇 층 입점이
가장 유리할까?

Point

- 1층 입점 업종
: 유동형(소비목적이 강하지 않은) 업종, 편의점, 제과점, 화장품, 분식, 이동통신, 주유
  소, 기사식당 등
- 2층 입점 업종
: 유동형과 목적형의 중간 성격, 병원(가정의원, 내과, 소아과), 모임 위주 중대형 음식
  점(스테이크전문점, 샤브샤브, 뷔페)
: 최근 1층 입점 업종이 2층으로 자리 잡는 경우도 많아지고 있음(커피전문점, 패스트
  푸드, 종합소매점)
- 3~5층 입점 업종
: 목적형(소비목적이 분명한) 업종, 병원, 독서실, 헬스클럽, 스크린 골프·야구, VR방,
  키즈 카페, 방탈출 카페

이렇게 분석했습니다

- 기간: 2018년
- 대상: 110만 건 건축물별 업종 조사, 업종별 층수, 입점유형, 면적
- 출처: 나이스지니데이타

업종별 최적화된 층수가 있다

거리를 걷다 1층에 위치한 치과를 발견하면 '왜 병원이 1층에 있지?'라고 의아해할 수 있을 것이다. 마찬가지로 편의점이 5층에 있다면 이상하다 느낄 수 있다. 보통 연상되는 층수에 위치하지 않은 점포를 볼 때 소비자는 어색함을 느낀다. 오랜 시간에 걸쳐 사람들 인식에 새겨진 업종별 층수는 기대수익, 임차료 등이 반영된 것이다. 다만 상권 특성에 따라 입지는 조금씩 달라진다. 이 장에서는 빅데이터 분석으로 상권에 따른 업종별 층수를 살펴봤다.

'주로 1층에 입점하는 업종'(220쪽)을 보자. 일반적으로 1층은 2층, 지하 1층에 비해 임차료가 2배 정도 비싸다. 그만큼 기대 매출도 높다. 접근성이 좋고, 잘 보이는 위치이기 때문에 주로 유동성을 필요로 하는 업종이 자리한다. 편의점, 제과점, 화장품, 분식, 이동통신, 주유소, 기사식당 등은 1층 자리를 알아보는 것이 업종특성과 맞다.

'주로 3~5층에 입점하는 업종'(221쪽)을 보자. 3층 이상에 입점하는 업종은 1층 점포와 다른 경향을 보인다. 임차료는 저렴하지만 소비자를 유인하기 힘든 위치여서 목적성 강하지 않으면 활성화되기 힘들다. 하지만 유망한 아이템이라면 적은 비용(임차료)으로 높은 수익을 낼 수 있는 자리이기도 하다. 과거에는 독서실이나 고시원이 3~4층에 입지하곤 했다. 최근에는 스크린 야구, VR방, 키즈 카페, 방탈출 카페 등 육아·오락시설이 많이 자리 잡는다.

'주로 2층에 입점하는 업종'(222쪽)을 보자. 2층은 1층·3층 특성을 중간 정도 반영한다. 목적성과 유동성을 동시에 충족할 수 있다. 방문이 잦은 병원(가정의원, 내과, 소아과 등)과 모임 위주 음식점(스테이크 전

순위	업종	1층 점포수	조사 표본수	1층 비중(%)
		주로 1층에 입점하는 업종		
1	복권방	214	214	100
2	호두과자	245	250	98
3	막창구이	826	867	95.3
4	카오디오전문	234	246	95.1
5	찐빵·만두	1,070	1,134	94.4
6	도넛전문	594	633	93.8
7	죽전문점	1,302	1,392	93.5
8	주유소	3,958	4,237	93.4
9	파전전문	582	625	93.1
10	편의점	1만 5,449	1만 6,657	92.7
11	곱창·양구이전문	2,321	2,508	92.5
12	콩나물국밥	934	1,012	92.3
13	기사식당	270	293	92.2
14	갈매기살	468	508	92.1
15	추어탕전문	1,073	1,165	92.1
16	순대전문점	3,014	3,279	91.9
17	떡·한과	3,035	3,311	91.7
18	토스트전문	435	477	91.2
19	곰장어전문	1,402	1,539	91.1
20	조개구이전문	447	491	91
21	타이어	1,669	1,842	90.6
22	후라이드·양념치킨	1만 2,842	1만 4,267	90
23	축산물	8,945	9,954	89.9
24	두부요리전문	441	493	89.5
25	야식집	83	93	89.2

주로 3~5층에 입점하는 업종

순위	업종	3~5층 점포수	조사 표본수	3~5층 비중(%)
1	경기장	64	71	90.1
2	비디오감상실	304	428	71
3	요리학원	174	291	59.8
4	고시원	2,154	3,608	59.7
5	독서실	2,179	3,719	58.6
6	컴퓨터학원	346	592	58.4
7	보드게임카페	42	72	58.3
8	합기도장	273	472	57.8
9	실용음악학원	618	1,074	57.5
10	비뇨기과	609	1,081	56.3
11	피부과	859	1,530	56.1
12	입시학원	7,756	1만 3,923	55.7
13	안과의원	878	1,597	55
14	종합학원	5,294	9,685	54.7
15	제과기술	76	140	54.3
16	무용·댄스학원	908	1,679	54.1
17	기타유아교육	606	1,125	53.9
18	외국어학원	4,260	8,022	53.1
19	직업훈련소	1,187	2,239	53
20	문화센터	144	272	52.9
21	학습지	1,190	2,263	52.6
22	세무·회계사	6,410	1만 2,554	51.1
23	서예·미술학원	2,501	4,922	50.8
24	피부미용학원	33	65	50.8
25	네일아트학원	219	433	50.6

주로 2층에 입점하는 업종

순위	업종	2층 점포수	조사 표본수	2층 비중(%)
1	소아과	834	1,775	47
2	내과	2,356	5,067	46.5
3	스테이크전문점	262	566	46.3
4	한의원	4,764	1만 431	45.7
5	보청기	242	610	39.7
6	이비인후과	813	2,132	38.1
7	공과금	40	105	38.1
8	방사선과	45	120	37.5
9	치과	5,785	1만 5,531	37.2
10	샤브샤브전문	595	1,599	37.2
11	유치원	69	190	36.3
12	고기뷔페	81	229	35.4
13	피아노·음악학원	1,592	4,503	35.4
14	찜닭전문점	187	549	34.1
15	태권도·유도	1,133	3,472	32.6
16	패밀리레스토랑	84	258	32.6
17	스파게티전문점	175	546	32.1
18	가정의원	3,413	1만 680	32
19	성인용품	30	95	31.6
20	블럭놀이방·대여	196	626	31.3
21	인터넷PC방	2,233	7,156	31.2
22	교복	155	500	31
23	동남아음식전문점	260	844	30.8
24	운전대행	25	84	29.8
25	철판구이요리전문	65	223	29.1

주로 지하층에 입점하는 업종

순위	업종	지하층 점포수	조사 표본수	지하층 비중(%)
1	해물뷔페	198	223	88.8
2	룸살롱·단란주점	3,669	8,129	45.1
3	노래방	9,226	2만 597	44.8
4	수영장	32	77	41.6
5	나이트클럽	186	448	41.5
6	일반유흥주점	3,128	8,227	38
7	사우나·목욕탕	526	1,526	34.5
8	검도도장	126	462	27.3
9	기타전문서양음식점	16	60	26.7
10	골프연습장	373	1,541	24.2
11	볼링장	101	449	22.5
12	유도장	25	115	21.7
13	종합공연장	91	438	20.8
14	모자·넥타이	50	243	20.6
15	인터넷PC방	1,437	7,156	20.1
16	사진관	1,424	7,328	19.4
17	바·카페	418	2,390	17.5
18	유원지	129	758	17
19	가방(잡화)	333	2,046	16.3
20	영화연극	207	1,276	16.2
21	스포츠센터	304	1,882	16.2
22	스크린골프장	521	3,260	16
23	수영용품	26	169	15.4
24	낚시터·낚시용품	103	683	15.1
25	이발소·남성미용실	311	2,075	15

문점, 샤브샤브, 뷔페 등)이 자리한다. 최근에는 어느 정도 유인력을 갖춘 브랜드가 비싼 1층을 피해 2층에 입점하는 경우도 많아졌다(커피전문점, 패스트푸드, 종합소매점 등).

마지막으로 '주로 지하층에 입점하는 업종'을 보자. 지하 입점 업종은 주류를 취급하는 곳이거나, 영화관, PC방, 스크린골프, 당구장, 노래방 등 오락시설이다. 또한 뷔페, 수영장, 찜질방, 서점, 의류매장 등 대형시설도 입점하는 것으로 나타났다.

주요 업종의 층별 비중은?

임차료를 결정짓는 요소는 접근성, 가시성, 편의성이다. 즉, 상권 규모(접근성, 편의성), 입점 층수(접근성, 가시성), 면적(가시성, 편의성) 같은 요소가 영향을 미친다. 건물 연식(편의성), 도로와 접하는 면적(접근

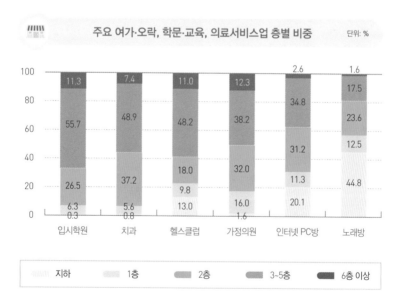

주요 여가·오락, 학문·교육, 의료서비스업 층별 비중   단위: %

	입시학원	치과	헬스클럽	가정의원	인터넷 PC방	노래방
6층 이상	11.3	7.4	11.0	12.3	2.6	1.6
3-5층	55.7	48.9	48.2	38.2	34.8	17.5
2층	26.5	37.2	18.0	32.0	31.2	23.6
1층	6.3	5.6	9.8	16.0	11.3	12.5
지하	0.3	0.8	13.0	1.6	20.1	44.8

지하   1층   2층   3-5층   6층 이상

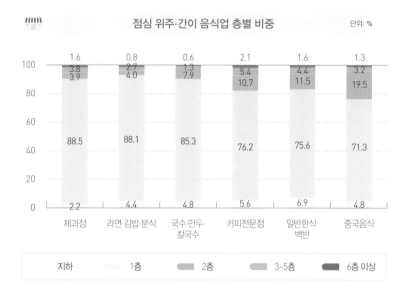

점심 위주·간이 음식업 층별 비중

단위: %

	제과점	라면·김밥·분식	국수·만두·칼국수	커피전문점	일반한식·백반	중국음식
6층 이상	1.6	0.8	0.6	2.1	1.6	1.3
3~5층	3.8	2.7	1.3	5.4	4.4	3.2
2층	3.9	4.0	7.9	10.7	11.5	19.5
1층	88.5	88.1	85.3	76.2	75.6	71.3
지하	2.2	4.4	4.8	5.6	6.9	4.8

지하　　1층　　2층　　3~5층　　6층 이상

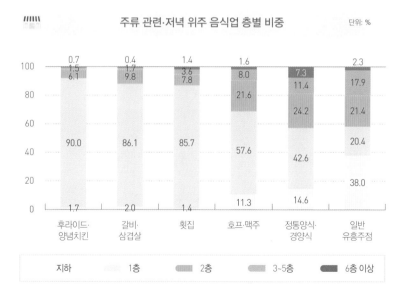

주류 관련·저녁 위주 음식업 층별 비중

단위: %

	후라이드·양념치킨	갈비·삼겹살	횟집	호프·맥주	정통양식·경양식	일반유흥주점
6층 이상	0.7	0.4	1.4	1.6	7.3	2.3
3~5층	1.5	1.7	3.6	8.0	11.4	17.9
2층	6.1	9.8	7.8	21.6	24.2	21.4
						20.4
1층	90.0	86.1	85.7	57.6	42.6	38.0
지하	1.7	2.0	1.4	11.3	14.6	

지하　　1층　　2층　　3~5층　　6층 이상

성, 가시성) 등이 추가로 반영될 수 있다. 창업 준비 중이거나 점포 운영 중인 경우 업종 특성(유동형 vs 목적형)과 입지 특성을 감안해 임차료 수준이 적정한지 판단해야 한다.

상권도
나이를 따져봐야 한다

Point

• 상권에도 나이가 있으며, 생애주기에 따라 유망업종이 다름

• 상권 형성기
: 한식, 분식, 커피전문점, 주점 등 음식업 위주로 구성, 종합소매점, 교육·여가 서비스 업종이 보완적으로 입점

• 상권 성장기
: 주점, 양식, 패스트푸드, 일식, 커피 등 트렌디한 음식업 위주로 성장

• 상권 성숙기
: 임차료가 상승하며 브랜드화되고 소매업으로 업종 구성이 바뀜

• 상권 정체·쇠퇴기
: 특성화된 상권이 아닐 경우, 소매업 비중이 높아지면서 상권의 저녁 시간 활성도가 낮아짐. 이에 따라 전체 활성도가 떨어짐(슬럼화)

이렇게 분석했습니다

• 전국 1,135개 주요상권의 점포 평균 운영연수로 상권 평균 나이를 산출

• 상권 나이에 따라 나타나는 주요 현상을 분류해 생애주기에 따른 성장·쇠퇴 업종을 분석

• 상권 나이는 상권 형성시기부터 이어진 상권 단위의 나이가 아니라 현재 성업 중인 점포의 평균 운영연수를 기준으로 함

상권에도 나이가 있다

거리가 서로 멀지 않은 데도 유난히 성황인 지역이 있다. 이유를 들여다보면 형성시기가 다를 가능성이 높다. 상권 활성화의 중요한 요소 중 하나가 '상권의 나이'이기 때문이다. 상권도 흥망성쇠가 있으며, 뜨는 지역과 지는 지역으로 나뉜다. 따라서 상권 나이를 파악하고 그에 맞는 업종을 선정하는 것이 창업 성공의 열쇠 중 하나다. 이 장에서는 상권 성숙도에 따른 업종별 교체주기와 적합 업종을 알아보자.

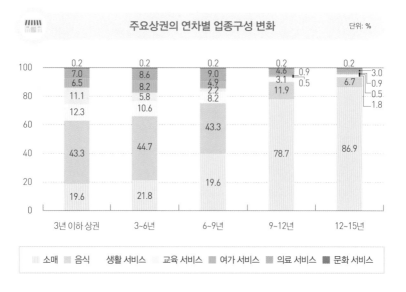

상권 흥망성쇠를 따라가다 보면 어떤 업종이 늘어나고, 줄어드는지 연차별로 알 수 있다. '주요상권의 연차별 업종구성 변화'를 보자. 3년 차 이하 상권에서는 음식업, 서비스업의 비율이 높다. 3~6년

차까지 이러한 경향이 확대되는 것을 알 수 있다. 6~9년 차에 들어서면 음식 업종은 줄어들고 소매업이 40%까지 확대된다. 9~12년 차에 들어서면 소매업 비중이 78.7%, 12~15년 차에는 86.9%까지 확대된다. 반면, 의료서비스는 같은 비중으로 유지됨을 알 수 있다.

이 같은 업종변화를 상권 생애주기에 빗대어 보자. 대부분 상권이 처음 형성될 때는 손님을 끌기 쉽고 파급력이 있는 음식업 · 서비스업 위주로 구성된다. 그러다 입소문이 나기 시작하고 손님이 모여들면서 상권은 2~3년 정도 유행을 탄다. 이렇게 형성기 1~2년, 성장기 2~3년을 거치고 나면, 임대차 갱신 시기가 온다. 이때 건물주는 상권 활성화의 이유로 임차료를 올리게 된다. 이것이 상권 성장과 함께 발생하는 젠트리피케이션 현상이다.

높은 임차료를 감당할 수 없는 특색 있는 개인 점주가 떠나고 나면, 그 빈 자리를 기업형 브랜드가 채우게 된다. 기업형 브랜드는 의류, 신발, 스포츠, 가전, 휴대폰, 화장품 등 소매업인 경우가 많다. 이 때문에 상권은 점차 특색을 잃어간다.

여기서 문제가 생긴다. 소매업이 자리 잡고 난 후, 상권 소비시간대가 점차 빨라지면서 밤 시간대 활성도가 떨어지는 현상이 나타나는 것이다. 이를 슬럼화라고 한다. 슬럼화에 들어선 상권은 오랜 기간 침체기에 빠질 수 있다.

업종 나이에 따라 마케팅 방법도 달라져야 한다

먼저 업종별 평균 운영연수를 알아보는 것이 중요하다. 이와 더불어 상권이 어떤 업종으로 구성되었는지 살펴보면 자연스럽게 상

점포당 평균 운영연수가 긴 업종 순위

순위	업종		평균 운영연수
	대분류	중분류	
1	의료서비스	종합병원	11년 8개월
2	소매	사무·교육용품	10년 10개월
3	소매	차량판매	10년 8개월
4	소매	인테리어·가정용품	10년 4개월
5	소매	의약/의료품	10년 2개월
6	의료서비스	특화병원	10년
7	소매	차량관리·부품	9년 11개월
8	의료서비스	일반병원	9년 10개월
9	소매	가전제품	9년 6개월
10	소매	연료판매	9년 4개월
11	소매	선물·완구	9년
12	특수서비스	광고·인쇄·인화	8년 11개월
13	소매	패션잡화	8년 10개월
14	소매	악기·공예	8년 10개월
15	소매	서적·도서	8년 8개월

권의 생애주기를 알 수 있기 때문이다. '점포당 평균 운영연수가 긴·짧은 업종 순위'를 보자. 분석결과 병원(11년 8개월) 평균 운영연수가 가장 길게 나타났다. 소매업종은 여러 분야에서 평균 운영연수가 길었다. 반면 음식, 교육서비스, 여가서비스 업종은 평균 운영

점포당 평균 운영연수가 짧은 업종 순위

순위	업종		평균 운영연수
	대분류	중분류	
1	교육서비스	독서실·고시원	3년 1개월
2	음식	커피·음료	3년 2개월
3	여가서비스	요가·단전·마사지	3년 2개월
4	여가서비스	일반스포츠	3년 7개월
5	주점	간이주점	4년
6	음식	뷔페	4년 1개월
7	교육서비스	유아교육	4년 7개월
8	교육서비스	자동차학원	4년 7개월
9	여가서비스	취미·오락	4년 8개월
10	음식	양식	4년 9개월
11	음식	패스트푸드	4년 9개월
12	음식	분식	4년 9개월
13	주점	유흥주점	4년 9개월
14	교육서비스	입시학원	4년 11개월
15	음식	닭·오리요리	5년 1개월

연수가 3~5년으로 짧은 편이었다.

　당연한 결과인 것 같지만, 많은 의미를 담고 있다. 운영연수가 짧다는 것은 손바꿈이 자주 일어난다는 뜻이다. 새로운 트렌드를 쫓아가지 못하면 뒤처질 가능성이 높다. 다른 업종에 비해 주기적 리

뉴얼도 필요하다. 또 이벤트, 프로모션, 마케팅 활동이 다른 업종에 비해 더욱 중요하다. 이러한 업종의 주 고객층은 20~30대 초반이며, 대표 업종은 주점, 커피전문점, 패스트푸드, 양식 등이다. 대체적으로 트렌드에 따라 형성되는 업종이므로, 주로 상권 형성기와 성장기를 이끄는 업종이라 할 수 있다.

상권 평균 나이는 6.4세?

국내 주요상권에 포함된 점포 평균 운영연수는 6년 5개월이었다. 평균 수준(6~7년)이 27.6%, 운영연수가 긴 상권(7년 이상)은 34.6%, 짧은 상권(6년 미만)은 37.8%로 나타났다. 이 가운데 평균 운영연수가 가장 긴 상권은 15년 1개월의 양재동 꽃시장으로 나타났다. 뒤이어 대구 서문시장역(14년 10개월), 서울 종로구 세운전자상가(14년 2개월)가 순위권에 올랐다. 대체적으로 전통시장이나 특성화시장이 주를 이

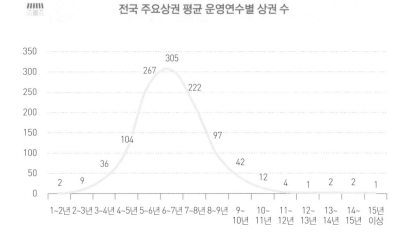

전국 주요상권 평균 운영연수별 상권 수

뤘다고 할 수 있다. 그 밖에 전자상가, 의류, 패션 등 주로 소매업 위주 시장이 상위권에 올랐다.

반면, 경기도 평택 소사벌지구(1년 8개월), 경기 수원시 판교(2년 6개월), 광교(2년 7개월), 인천 송도(2년 7~9개월) 등 수도권 신도시나 광주 선운지구(2년 7개월), 전주시 하가지구(3년 1개월), 순천시 신대지구(3년 2개월) 등 지방 신흥상권의 평균 운영연수가 짧은 것으로 나타났다.

점포당 평균 운영연수가 긴 상권 순위

순위	지역	상권	평균 운영연수
1	서울 서초구	양재동 꽃시장	15년 1개월
2	대구 중구	서문시장역(수선골목)	14년 10개월
3	서울 종로구	세운전자상가	14년 2개월
4	서울 중구	삼원상가	13년 10개월
5	부산 부산진구	부전역(부산전자시장)	12년 9개월
6	서울 종로구	종로5가역(광장시장)	11년 8개월
7	대구 중구	서문시장역(오토바이골목)	11년 6개월
8	서울 종로구	종로3가역(인테리어밀집)	11년 5개월
9	서울 서초구	고속터미널역	11년 3개월
10	서울 영등포구	영등포시장역	10년 10개월
11	부산 동구	범일역(부산진시장)	10년 9개월
12	경북 김천시	김천 중앙시장	10년 8개월
13	대구 북구	산격2동 종합유통단지(전자상가)	10년 8개월
14	경북 구미시	구미역 앞	10년 8개월
15	서울 중구	롯데백화점 본점	10년 5개월

순위	지역	상권	점포당 평균 운영연수
1	경기 평택시	소사벌지구	1년 8개월
2	경기 성남시	판교역	2년 6개월
3	광주 광산구	선운지구	2년 7개월
4	경기 수원시	광교	2년 7개월
5	인천 연수구	송도신도시(더프라우 푸르지오)	2년 7개월
6	인천 서구	완정역	2년 9개월
7	인천 연수구	송도신도시(커넬워크)	2년 9개월
8	경기 용인시	상현역	2년 9개월
9	광주 서구	상무지구(CGV주변)	2년 11개월
10	대구 동구	봉무동	2년 11개월
11	전북 전주시	하가지구	3년 1개월
12	인천 남동구	인천소래포구	3년 1개월
13	인천 서구	완정사거리	3년 1개월
14	대전 서구	목원대앞	3년 2개월
15	전남 순천시	신대지구	3년 2개월

한편, 신흥상권뿐만 아니라 광주 상무지구(2년 11개월), 인천소래포구(3년 1개월), 목원대(3년 2개월) 상권은 신도시가 아님에도 운영연수가 짧게 나타났다. 이 지역도 유행에 민감한 곳이라 유추할 수 있다.

상권 나이를 보고 치고 빠져라

신도시 상업지구에 상가 자리가 났다면, 무엇을 창업해야 할까? 상권 나이 분석 결과를 보면 답이 있다. 바로 간단한 음식점(커피, 분식), 편의점, H&B스토어, 제과점 정도다. 만약 상권 성장 가능성이 보인다면, 맛집이 초기에 자리 잡는 것도 좋다. 그렇게 형성기를 지나 상권이 어느 정도 활성화되었다면, 샤브샤브, 양식, 고깃집, 주점, 아이스크림 같은 음식업 창업이 좋다. 이때 오락·유흥시설, 병원, 학원이 입점하면 시너지 효과가 날 수 있다. 이 단계까지 상권이 발달하게 되면, 브랜드화가 진행되었을 가능성이 크다. 상권 지속력이 계속될 것으로 판단된다면 기업형 브랜드가 진출할 시기다. 따라서 이후 단계에서 소자본 창업은 다소 어렵다.

상권 나이에 적합하지 않은 업종으로 창업하거나, 당장 장사가 잘 된다고 욕심 부려 빠질 때 빠지지 못하는 우를 범하는 것은 피해야 할 것이다.

순위	3년차	비중	4년차	비중	5년차	비중	6년차	비중
1	일식·수산물	1.1	유흥주점	2.1	의복·의류	0.6	의복·의류	1.2
2	간이주점	1.1	간이주점	1.4	특화병원	0.6	음·식료품소매	1.2
3	차량관리·서비스	0.8	한식	1.1	일반병원	0.5	유흥주점	0.9
4	고기요리	0.7	취미·오락	1.1	의약·의료품	0.3	인테리어·가정용품	0.7
5	취미·오락	0.7	숙박	0.8	유흥주점	0.3	패션잡화	0.6
6	닭·오리요리	0.5	화장품소매	0.6	취미·오락	0.2	의약·의료품	0.5
7	음·식료품소매	0.5	패션잡화	0.5	숙박	0.2	한식	0.5
8	인테리어·가정용품	0.4	특화병원	0.4	패션잡화	0.2	숙박	0.4
9	의복·의류	0.4	일반병원	0.3	스포츠·레저용품	0.1	일반병원	0.3
10	일반스포츠	0.3	광고·인쇄·인화	0.3	화장품소매	0.1	제과·제빵·떡·케이크	0.2
순위	7년차	비중	8년차	비중	9년차	비중	10년차 이상	비중
1	의복·의류	2.8	의복·의류	6.4	가전제품	4.9	의복·의류	19.2
2	음·식료품소매	2.7	음·식료품소매	3.4	인테리어·가정용품	4.2	인테리어·가정용품	4.9
3	인테리어·가정용품	1.2	인테리어·가정용품	2.6	패션잡화	1.8	패션잡화	4.5
4	패션잡화	1.1	패션잡화	2.0	의약·의료품	0.9	선물·완구	2.6
5	의약·의료품	0.3	스포츠·레저용품	0.6	일반병원	0.5	악기·공예	1.1
6	제과·제빵·떡·케이크	0.3	광고·인쇄·인화	0.5	건강·기호식품	0.4	차량판매	0.2
7	건강·기호식품	0.3	가전제품	0.2	선물·완구	0.3	유아용품	0
8	일식·수산물	0.2	차량관리·서비스	0.2	기술·직업교육학원	0.1	전시장	0
9	일반병원	0.2	악기·공예	0.2	전문서비스	0.1	경기관람	0
10	스포츠·레저용품	0.1	전시장	0.2	중식	0.1	자동차학원	0

236

단위: %

순위	3년차	비중	4년차	비중	5년차	비중	6년차	비중
1	유아교육	-1	유아교육	-1.3	미용서비스	-1.1	간이주점	-1.3
2	종합소매점	-0.8	음·식료품소매	-1.2	예체능계학원	-0.4	커피·음료	-0.8
3	예체능계학원	-0.7	예체능계학원	-1.1	수의업	-0.3	취미·오락	-0.8
4	분식	-0.7	입시학원	-0.9	한식	-0.2	입시학원	-0.7
5	커피·음료	-0.6	차량관리·서비스	-0.8	커피·음료	-0.2	미용서비스	-0.5
6	일반병원	-0.6	외국어학원	-0.7	유아교육	-0.2	고기요리	-0.4
7	요가·단전·마사지	-0.5	커피·음료	-0.7	닭·오리요리	-0.2	일반스포츠	-0.4
8	제과·제빵·떡·케이크	-0.5	일식·수산물	-0.6	입시학원	-0.2	양식	-0.4
9	양식	-0.5	종합소매점	-0.4	패스트푸드	-0.2	외국어학원	-0.3
10	미용서비스	-0.5	세탁·가사서비스	-0.4	간이주점	-0.2	차량관리·서비스	-0.2
순위	7년차	비중	8년차	비중	9년차	비중	10년차 이상	비중
1	간이주점	-1.1	간이주점	-1.8	음·식료품소매	-2	한식	-3.1
2	미용서비스	-0.9	한식	-1.6	의복·의류	-1.9	음·식료품소매	-2.8
3	취미·오락	-0.8	유흥주점	-1.5	일식·수산물	-1.6	일반병원	-2.4
4	일반스포츠	-0.7	취미·오락	-1.3	한식	-1.4	가전제품	-2.3
5	입시학원	-0.7	미용서비스	-1.2	유흥주점	-1.2	미용서비스	-2.3
6	커피·음료	-0.6	고기요리	-1	고기요리	-0.9	유흥주점	-1.1
7	고기요리	-0.5	커피·음료	-0.8	간이주점	-0.9	일식·수산물	-1.1
8	양식	-0.4	일반병원	-0.7	미용서비스	-0.7	종합소매점	-1
9	외국어학원	-0.4	화장품소매	-0.6	닭·오리요리	-0.6	특화병원	-0.9
10	종합소매점	-0.4	닭·오리요리	-0.6	숙박	-0.5	간이주점	-0.9

부록

자영업
경기 동향 파악하기

이렇게 분석했습니다

- 나이스지니데이타 데이터포털 서비스를 통해 전국 221개 업종경기 동향을 분석하고, 기상도 형식으로 표현(2016~2018년)
- 프랜차이즈 정보공개서와 추천 업종을 결합하여 업종별 브랜드 추출

전반적인 자영업 경기 동향을 읽어보고자 한다. 2016~2018년까지 업종경기가 어떻게 변해왔는지 살펴보겠다. 또한 2019년 고객의 지갑을 열 수 있는 업종은 무엇인지 지역별로 알아보자.

창업기상도 '매우 맑음'

2016~2018년 동안 꾸준히 성장해왔으며, 2019년 트렌드를 이어갈 업종은 다음과 같다.

2016~2018 매출성장률 [매우 맑음]

단위: %

구분		총 매출성장률		점포당 매출성장률	
업종		2017년	2018년	2017년	2018년
음식업	곱창·양구이전문	17.6	27.6	10	24.4
	스낵	12.4	23.4	16.2	12.9
	떡볶이전문	28.2	23.4	18.5	14.9
	이자카야	25.7	22.8	12.9	11.6
	찐빵·만두	24.5	22.5	13.9	12
	토스트전문	59.5	20.1	43.6	14.3
	게장전문	13.7	19.9	18.4	19.7
	우동전문점	19.5	17.8	16.1	12.6
	민속주점	11	16.8	17.5	21.9
	중국음식	14.7	14.9	12.1	13.1
	후라이드·양념치킨	10.3	11.2	10.5	11.4
소매업	일반가전제품	16.2	32.1	17.1	34.1
	종합생활용품	35.1	22.6	22.9	19.8
생활서비스업	주유소	10.3	11.8	10.4	13.1
교육서비스업	놀이방	37.5	39.7	17	24.6
의료서비스업	마취통증의학과	25	35	17.6	26.9
	신경외과	23.5	31.5	15.6	22.9
	재활의학과	21.6	30.8	16	23.1
	의료기기·용품	19.7	26	12.3	18.7
	안과의원	34.5	23.8	31.1	21.1
	요양원	25	19.7	11.5	12.3
	성형외과	24.4	17.2	20.1	13.3
	일반의원	14.1	13.3	10.9	11.9
	외과	13.5	11.1	13.7	10.5

창업기상도 '맑음'

2016~2018 매출성장률 [맑음]				단위: %

구분		총 매출성장률		점포당 매출성장률	
업종		2017년	2018년	2017년	2018년
음식업	닭도리탕전문	23.4	29.6	11.3	7.1
	샌드위치·브런치·샐러드	75.7	25.3	46.1	5.3
	막창구이	11.5	19.7	9.9	19.5
	꼬치구이전문점	28.6	17.8	16.7	9.2
	냉면집	10.6	15.4	5.4	13.6
	도시락전문점	18.4	14.7	7.6	10.1
	호프·맥주	6.8	13.8	11.3	9.9
	라면김밥분식	15.3	11.5	8.2	6.5
	국수·만두·칼국수	10.8	11.4	6.4	9.8
	아귀전문	8	10.2	7.2	8.1
	파전전문	7.8	8.8	13.4	11.6
	추어탕전문	8.6	6.9	6.5	6.3
	소주방·포장마차	17.9	6.4	12.5	5.2
	순대전문점	11.1	6.2	8.6	6.5
	일반한식·백반	10.6	6.1	8.5	7.7
	보리밥전문	5.8	5.2	5.2	5.8
소매업	식료품	21	21.5	6	9.2
	가구	11.5	19.8	9.3	18.9
	편의점	26.2	18.4	10.5	8.7
	주류판매점	11.6	14.7	7.3	7.5
	주방용품	9.6	8.2	6	5.5
	열쇠·철물·건설자재	13.7	7.6	9.1	5.5
	슈퍼마켓	9.8	6.4	12.4	11.2

생활서비스업	세탁소·빨래방	20.3	15.1	9.2	6.8
여가서비스업	비디오·오디오·책대여	95.5	38.7	15	5.3
	요가·단식	26.4	30.1	6.6	6.1
교육서비스업	무용·댄스학원	29.6	24.8	11.6	6.2
	기타유아교육	11.4	20.1	5.2	9.2
	태권도·유도·합기도	17	17.5	8	7.7
	피아노·음악학원	16.1	13.9	6.6	5.4
	검도도장	12	13.7	6.6	5.7
	합기도장	17.2	12.6	7.8	8.5
	유치원	16	6.3	7	7.6
	요리학원	8.1	5.9	8.6	8.8
의료서비스업	이비인후과	13.5	18.3	9.3	14.9
	내과	13.4	16.4	9.8	12.9
	피부과	17.1	14.2	14	9.1
	약국	13.2	11.5	11.2	9.5
	비뇨기과	13	11.2	11.1	9.9

성장률이 꾸준히 이어져 오고 있기는 하지만, 점차 성장속도가 떨어지거나 총 매출 증가율에 비해 점당 매출 증가율이 낮아(점포수 증가폭이 커서 경쟁기에 접어들 수 있음) 주의를 요하는 '맑음' 업종이다.

먼저 음식업 가운데는 2017~2018년 초반까지 상승세가 이어졌던 꼬치구이를 비롯한 주점이 포함되었고, 한식, 보리밥, 순대, 닭도리탕 등 한식류도 포진했다. 이 업종의 점포별 매출 증가율을 보면 가파르게 상승하지는 않지만, 안정적으로 유지되는 경향을 보인다. 5~10%대로 성장하고 있기 때문에 안정 지향적인 창업을 원하는 예비창업자라면 검토해볼만 하다.

그 외에 식료품, 가구, 세탁소와 새롭게 단장한 만화방 같은 업종도 안정적인 매출성장률을 보이는 것으로 나타났다. 다만 방탈출카페, VR방, 스크린야구 등 같은 오락서비스는 시설과 주변 상권, 입지에 따라 성패가 나뉘므로 보다 신중할 필요가 있음을 기억해야 한다.

창업기상도 '구름'

2016~2018 매출성장률 [구름]				단위: %
구분		총 매출성장률		점포당 매출성장률	

구분	업종	총 매출성장률 2017년	2018년	점포당 매출성장률 2017년	2018년
음식업	삼계탕전문	-0.9	15.2	-1.8	15.6
	오리고기전문	-14.3	11	-5.8	19.9
	호두과자	-0.3	10.5	6	15.9
	샤브샤브전문	-2.7	6	2.2	6.6
	사철탕전문	-1.3	1.4	1.5	5.2
생활서비스업	여행사	-27.5	16.7	-33.3	3.9
의료서비스업	소아과	-6.6	12.1	-8	12.4
	산부인과	-1.7	3.6	-1.4	3.6

2018년 반전하여 다시 매출이 성장세로 돌아섰으나, 경기 동향에 영향을 받는 편이므로 주의가 필요한 업종이다. 가장 눈에 띄는 업종은 여행사다. 정치적 이슈나 경기 동향에 따라 소비지출에 가

장 변화가 많은 분야가 여행이다 보니 매출예측이 어렵고, 모 아니면 도식의 롤러코스터 매출을 보이는 경우가 많다. 전체적으로 여행에 대한 관심과 지출은 늘어날 것으로 예상된다. 하지만 2019년이 여행사 업종의 전반적 성수기가 될지 비수기가 될지는 지켜봐야 할 것 같다.

또 한 가지 주의할 업종은 영유아 관련 산업이다. 출산율이 역대 최저로 낮아졌다는 뉴스와 함께 산부인과, 소아과 같은 의료서비스업 경기가 들쭉날쭉한 것을 발견할 수 있다. 뿐만 아니라 산후조리원, 영유아 의류, 유아용품, 영유아 교육시설, 보모 서비스 등도 전반적으로 시장이 위축될 가능성이 있다. 2017년에 비해 2018년은 회복세에 들어섰다고 하지만 여전히 신규 진입은 신중할 필요가 있는 분야다.

창업기상도 '흐림'

매출규모가 점차 감소하는 업종도 있다. 먼저 로드숍 소매업종에서 가장 두드러진 현상인데, 온라인 소비가 가능해진 업종은 대부분 오프라인 채널에서의 매출감소가 나타나고 있다. 대표적으로 의류, 화장품, 패션잡화 등이다. 물론 오프라인 채널에서의 매출 감소가 전체 업종의 매출이 줄고 있다는 뜻은 아니다. 따라서 2019년 소매업 분야에서는 온라인 채널에 집중하면서 로드숍 점포는 대형화, 전시장화 전략이 요구될 것으로 보인다. 또 주점, 노래방 같이 유흥 관련 업종의 매출감소세가 눈에 띄며, 고시원도 전체 시장규모가 감소한 것으로 나타났다.

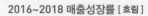 2016~2018 매출성장률 [흐림] 단위: %

구분		총 매출성장률		점포당 매출성장률	
업종		2017년	2018년	2017년	2018년
소매업	인삼제품	23.6	- 0.2	23.2	1.3
	가방	- 4.2	- 0.3	- 2.2	1.9
	낚시터·낚시용품	26.1	- 0.4	11.3	- 1.3
	화장품	6.8	- 0.9	7.1	4.2
	남성의류	- 3.9	- 1.2	- 2.3	3.9
	아동복	- 5.3	- 2.7	- 0.4	3.9
	일반의류	2.1	- 3	2.7	- 1.5
	내의·속옷	- 0.5	- 3.6	0.2	- 1.1
	농업용품	14.6	- 3.7	7.7	- 6.3
	옷감·직물·수예	6.1	- 3.8	3.9	- 0.9
	미용재료	7.4	- 4	2.9	- 5.8
여가서비스업	노래방	- 0.6	- 3.3	1	0
음식업	룸살롱·단란주점	1.4	- 0.3	1.3	0.8
	곰장어전문	12.3	- 1.2	14	1.9
	일반유흥주점	0.8	- 1.6	1.2	- 0.4
	바베큐전문	- 4.7	- 3.9	1.7	2.9
교육서비스업	고시원	10.4	- 4.2	3.5	1.9
의료서비스업	산후조리원	3.7	- 3.6	4	0.4

창업기상도 '비'

2018년 전체 시장규모의 감소가 나타나는 업종(-5% 이하)이다.

구분		총 매출성장률		점포당 매출성장률	
업종		2017년	2018년	2017년	2018년
소매업	여성의류	0.6	-5.9	2.7	-1.3
	스포츠의류	6.1	-5.9	10.3	-2.7
	신발	-3.5	-6.3	2	-2.3
	양품점	43.8	-6.6	1	-5.1
	자전거	0.1	-6.7	-3.6	-5.2
	캐쥬얼	-1.3	-7.6	4	0.8
	유아복	-13.5	-10	-5.9	0.9
	구두제화·캐주얼화	-6	-10.2	-1.8	-4.7
	등산용품	-16.3	-11.9	-2	2.3
	유기농식품·생식·녹즙	-0.9	-16.2	-5.4	-12.8
음식업	뷔페	-9.3	-5.9	-9.5	-7.5
	갈매기살	-7.5	-9.2	7.8	4.6
	나이트클럽	-3.2	-10.2	4.8	-4.8
	철판구이요리전문	-12.5	-10.5	-4.5	-1.1
	패밀리레스토랑	-4.4	-13.2	3.7	-4.4
	고기뷔페	-19.8	-13.8	-4	6.1
	생과일주스전문점	-1.4	-17.8	-27.9	2.3
교육서비스업	어린이집·유치원	-16.8	-17	-13.9	-13.7

2016~2018 매출성장률 [비]　　　단위: %

지역별
뜨는 업종 살펴보기

    17개 시·도별 2019년 유망 업종 순위를 뽑았다. 추천 업종을 통해 전체적인 지역 흐름을 파악하고, 운영 중이거나 계획하는 업종의 가능성을 짐작해 볼 수 있을 것이다.

지역별 2019 유망 업종

서울특별시

순위	업종		점포당 월평균 매출(원)			점포 수		
			2016년	2017년	2018년	2016년	2017년	2018년
1	교육서비스업	놀이방	16,705,064	20,347,932	30,975,165	331	392	445
2	소매업	일반가전제품	324,114,557	419,025,269	650,885,424	1,171	1,138	1,084
3	교육서비스업	기타유아교육	18,850,568	20,099,555	24,613,258	221	240	274
4	소매업	골프용품	83,988,199	86,374,508	123,619,305	190	197	189
5	소매업	식료품	24,647,315	27,198,829	32,621,051	2,485	2,724	3,007
6	음식업	떡·한과	7,322,639	7,669,167	9,961,226	1,530	1,554	1,559
7	음식업	바·카페	21,811,948	23,099,619	25,605,707	90	106	124
8	여가서비스업	헬스클럽	31,895,673	32,833,534	37,584,924	1,097	1,159	1,293
9	음식업	곱창·양구이전문	25,467,633	28,034,134	34,098,909	1,403	1,424	1,466
10	소매업	종합생활용품	1,175,676,672	1,374,977,234	1,713,758,214	75	87	87

경기도

순위	업종		점포당 월평균 매출(원)			점포 수		
			2016년	2017년	2018년	2016년	2017년	2018년
1	음식업	호떡·붕어빵	2,173,507	3,330,498	4,490,715	22	39	75
2	생활서비스업	여행사	63,345,134	234,641,275	466,853,568	89	106	122
3	생활서비스업	렌터카	33,741,132	40,837,808	50,017,622	208	221	261
4	음식업	바·카페	17,108,138	17,409,973	19,223,241	79	87	112
5	교육서비스업	놀이방	11,723,730	13,483,680	15,971,024	618	689	763
6	음식업	이자카야	17,689,309	19,356,127	22,380,590	219	251	284
7	음식업	게장전문	32,689,153	39,926,392	51,284,417	99	85	85
8	교육서비스업	무용·댄스학원	9,368,431	10,548,197	11,657,006	321	364	424
9	소매업	가구	68,671,497	75,010,816	92,729,850	1,709	1,758	1,823
10	음식업	곱창·양구이전문	19,303,289	21,297,972	26,339,227	1,288	1,352	1,398

인천광역시

순위	업종		점포당 월평균 매출(원)			점포 수		
			2016년	2017년	2018년	2016년	2017년	2018년
1	음식업	찐빵·만두	11,761,804	15,477,504	20,334,301	114	122	140
2	교육서비스업	놀이방	11,867,543	14,275,627	17,449,207	130	164	195
3	생활서비스업	여행사	37,187,692	39,122,570	52,017,237	27	32	34
4	음식업	와플·파이·디저트	7,332,132	10,271,421	13,089,619	42	40	44
5	음식업	민속주점	10,660,517	14,666,545	21,197,532	163	153	144
6	음식업	곱창·양구이전문	20,598,835	22,815,900	29,112,469	227	250	265
7	음식업	샌드위치·브런치·샐러드	25,258,066	39,268,527	43,870,500	37	42	50
8	여가서비스업	기타스포츠	8,310,072	8,404,975	9,901,868	121	128	145
9	음식업	토스트전문	6,040,840	9,696,692	11,529,125	49	63	70
10	여가서비스업	볼링장	28,324,812	52,626,688	58,174,991	43	44	51

대전광역시

순위	업종		점포당 월평균 매출(원)			점포 수		
			2016년	2017년	2018년	2016년	2017년	2018년
1	여가서비스업	기타스포츠	7,811,544	7,960,741	10,993,090	63	69	81
2	생활서비스업	이발소·남성미용실	6,659,092	6,721,433	9,641,919	68	71	77
3	소매업	가구	66,726,473	67,654,595	93,826,096	202	210	209
4	음식업	이자카야	18,611,176	19,359,114	22,592,604	38	41	47
5	음식업	곱창·양구이전문	29,335,161	31,763,945	40,772,319	69	75	78
6	음식업	떡볶이전문	10,227,052	12,975,309	15,729,959	203	213	222
7	음식업	막창구이	16,205,229	17,741,597	23,197,138	95	89	84
8	음식업	호프·맥주	10,199,996	11,563,406	13,480,457	1,098	1,044	1,101
9	교육서비스업	실용음악학원	8,237,921	9,616,412	11,421,380	48	50	51
10	소매업	식료품	17,114,586	20,477,453	23,448,822	373	401	428

세종특별자치시

순위	업종		점포당 월평균 매출(원)			점포 수		
			2016년	2017년	2018년	2016년	2017년	2018년
1	교육서비스업	어린이영어	9,731,467	10,123,645	13,336,232	27	36	50
2	교육서비스업	입시학원	14,462,361	15,774,949	19,507,433	45	76	108
3	음식업	커피전문점	13,647,814	13,928,548	15,421,205	137	206	285
4	교육서비스업	피아노·음악학원	7,231,756	8,382,395	9,582,125	41	63	83
5	소매업	농산물	48,818,628	54,366,273	71,925,808	76	83	94
6	음식업	국수·만두·칼국수	17,433,343	19,382,003	23,906,203	54	65	77
7	음식업	막창구이	12,259,367	14,303,251	17,642,293	11	10	12
8	음식업	떡볶이전문	21,470,298	23,163,320	27,671,496	27	36	42
9	음식업	꼬치구이전문점	12,024,036	13,390,676	16,559,613	17	25	28
10	의료서비스업	약국	19,914,991	23,116,379	28,050,463	78	92	104

충청남도

순위	업종		점포당 월평균 매출(원)			점포 수		
			2016년	2017년	2018년	2016년	2017년	2018년
1	여가서비스업	골프연습장	17,588,802	17,777,400	33,680,483	95	106	113
2	음식업	이자카야	16,301,385	21,550,630	26,351,522	24	27	40
3	음식업	찐빵·만두	8,540,502	9,133,279	12,678,290	93	105	120
4	여가서비스업	기타스포츠	7,367,991	7,581,634	9,282,251	73	81	96
5	음식업	초밥전문	27,698,716	43,040,134	50,289,029	42	60	74
6	음식업	케이크전문점	8,960,870	10,150,377	11,257,210	20	23	29
7	음식업	떡볶이전문	11,159,505	14,288,369	17,502,775	193	231	253
8	교육서비스업	놀이방	10,878,247	12,139,109	14,358,202	93	102	113
9	음식업	꼬치구이전문점	11,220,380	12,990,741	14,856,325	190	224	256
10	음식업	삼계탕전문	19,932,980	20,937,639	24,771,520	79	79	86

충청북도

순위	업종		점포당 월평균 매출(원)			점포 수		
			2016년	2017년	2018년	2016년	2017년	2018년
1	음식업	갈치·생선구이	9,982,104	11,393,743	13,550,860	19	20	28
2	소매업	주방가구	23,078,344	23,915,544	31,872,602	18	19	21
3	여가서비스업	요가·단식	12,959,143	15,393,953	18,089,733	50	54	67
4	음식업	곱창·양구이전문	12,295,562	14,605,089	20,399,871	93	113	115
5	음식업	우동전문점	19,514,654	24,606,433	30,297,318	46	49	55
6	음식업	토스트전문	3,593,358	5,305,948	6,717,282	62	62	65
7	음식업	떡볶이전문	9,091,437	10,745,314	12,695,118	193	232	262
8	소매업	가구	39,469,375	47,812,307	59,521,513	216	224	230
9	음식업	도시락전문점	10,771,558	14,222,364	17,137,618	64	67	71
10	소매업	편의점	36,954,218	42,180,683	47,710,145	1,189	1,355	1,495

대구광역시

순위	업종		점포당 월평균 매출(원)			점포 수		
			2016년	2017년	2018년	2016년	2017년	2018년
1	소매업	수산물	23,438,480	28,092,842	40,535,783	81	88	97
2	음식업	냉면집	25,982,325	32,173,098	40,412,168	97	110	130
3	음식업	보리밥전문	4,589,708	6,006,764	8,602,535	47	48	49
4	음식업	생선찜전문	14,583,389	15,487,384	18,832,604	44	46	56
5	교육서비스업	무용·댄스학원	6,867,612	7,830,955	9,225,319	55	61	73
6	음식업	아귀전문	11,457,132	13,543,286	16,514,120	42	42	47
7	음식업	찐빵·만두	6,974,867	8,041,096	9,841,592	111	128	138
8	교육서비스업	놀이방	9,199,090	11,053,223	12,897,103	93	102	115
9	교육서비스업	태권도·유도·합기도	6,120,381	6,960,997	7,742,887	300	354	417
10	음식업	토스트전문	4,999,055	7,443,769	8,642,880	48	58	65

경상북도

순위	업종		점포당 월평균 매출(원)			점포 수		
			2016년	2017년	2018년	2016년	2017년	2018년
1	여가서비스업	스크린골프장	10,820,144	11,073,825	17,089,285	214	231	234
2	소매업	담배·전자담배	6,291,216	9,211,850	10,545,178	59	51	64
3	음식업	이자카야	15,937,074	18,578,875	21,139,610	35	35	44
4	음식업	냉면집	22,274,848	25,529,307	32,494,789	171	190	206
5	음식업	돌솥·비빔밥전문점	10,174,840	10,973,271	12,111,899	38	38	46
6	음식업	곱창·양구이전문	12,941,751	15,453,539	19,979,450	207	229	234
7	교육서비스업	놀이방	10,844,951	13,307,232	15,285,132	84	100	115
8	음식업	두부요리전문	8,221,358	8,798,621	10,289,751	49	58	65
9	음식업	떡볶이전문	8,351,160	9,903,300	12,176,855	209	237	253
10	음식업	샤브샤브전문	48,115,380	51,051,756	57,432,925	55	55	65

부산광역시

순위	업종		점포당 월평균 매출(원)			점포 수		
			2016년	2017년	2018년	2016년	2017년	2018년
1	음식업	스낵	16,249,941	21,035,500	29,886,626	112	101	118
2	여가서비스업	요가·단식	18,170,185	21,594,932	26,745,988	173	193	233
3	음식업	토스트전문	5,151,179	7,490,937	9,014,990	74	75	86
4	교육서비스업	독서실·장소대여	8,284,906	9,659,211	10,656,531	255	303	374
5	음식업	보리밥전문	6,929,229	7,758,307	9,663,935	114	110	120
6	교육서비스업	무용·댄스학원	7,187,225	7,918,363	9,141,080	60	71	83
7	음식업	한정식전문	31,849,910	34,204,711	47,586,762	32	30	29
8	음식업	기타서양음식전문	12,179,030	13,116,225	17,312,241	13	13	13
9	음식업	갈치·생선구이	11,497,553	13,043,388	14,350,985	53	50	59
10	음식업	떡볶이전문	11,389,848	13,677,322	15,163,679	209	247	280

울산광역시

순위	업종		점포당 월평균 매출(원)			점포 수		
			2016년	2017년	2018년	2016년	2017년	2018년
1	여가서비스업	요가·단식	12,301,092	12,763,972	15,962,116	37	40	48
2	교육서비스업	독서실·장소대여	6,982,672	7,486,036	8,882,631	91	112	140
3	음식업	이자카야	17,462,237	19,867,757	24,008,193	22	23	26
4	소매업	종합생활용품	49,137,201	79,519,571	94,599,539	19	22	25
5	음식업	막창구이	18,233,152	20,271,409	27,256,733	108	110	108
6	교육서비스업	기타유아교육	12,117,542	14,585,591	16,073,792	28	33	39
7	음식업	토스트전문	5,523,955	7,836,546	9,473,860	40	49	52
8	음식업	떡볶이전문	9,898,921	11,251,894	12,623,955	71	87	100
9	음식업	한정식전문	26,246,587	33,541,838	39,568,849	16	14	15
10	소매업	식료품	13,048,916	13,228,169	14,616,429	214	250	289

경상남도

순위	업종		점포당 월평균 매출(원)			점포 수		
			2016년	2017년	2018년	2016년	2017년	2018년
1	음식업	떡볶이전문	10,300,717	12,449,777	15,058,564	197	228	258
2	여가서비스업	요가·단식	15,249,470	16,321,739	18,347,010	111	120	147
3	음식업	생선찜전문	12,346,829	14,966,053	16,650,815	49	63	77
4	소매업	미용재료	8,997,944	9,840,831	11,993,221	93	99	110
5	교육서비스업	서예·미술학원	7,166,613	7,641,256	8,728,019	308	348	399
6	음식업	우동전문점	10,006,605	14,224,507	16,775,808	66	74	80
7	음식업	돈가스전문점	14,095,399	15,966,263	18,397,022	174	217	237
8	음식업	곱창·양구이전문	17,677,756	18,281,148	22,646,171	156	179	178
9	음식업	막창구이	13,571,177	14,270,366	17,116,233	244	258	256
10	교육서비스업	외국어학원	21,704,887	21,953,375	24,153,162	463	497	537

광주광역시

순위	업종		점포당 월평균 매출(원)			점포 수		
			2016년	2017년	2018년	2016년	2017년	2018년
1	음식업	막창구이	12,379,951	16,248,614	19,552,642	29	27	35
2	음식업	샌드위치·브런치·샐러드	6,393,643	25,248,748	30,039,481	11	12	15
3	음식업	떡볶이전문	9,624,591	11,545,655	15,555,441	109	104	113
4	소매업	일반가전제품	116,624,223	135,542,144	195,130,593	159	162	165
5	여가서비스업	비디오·오디오·책 대여	7,705,069	11,403,082	12,724,685	11	14	18
6	소매업	담배·전자담배	10,799,829	13,440,330	15,039,609	39	39	49
7	소매업	가구	51,584,561	55,974,270	73,249,659	221	226	236
8	음식업	초밥전문	42,129,666	49,188,524	58,619,577	59	76	87
9	음식업	갈치·생선구이	16,593,454	18,155,599	19,974,648	13	16	19
10	음식업	냉면집	28,807,778	29,414,248	38,719,364	28	28	28

전라남도

순위	업종		점포당 월평균 매출(원)			점포 수		
			2016년	2017년	2018년	2016년	2017년	2018년
1	여가서비스업	스크린골프장	10,857,126	11,070,457	24,270,198	110	113	118
2	음식업	호떡·붕어빵	2,626,042	3,027,720	4,327,548	12	15	18
3	음식업	초밥전문	26,772,785	29,626,740	41,747,251	55	71	84
4	여가서비스업	요가·단식	10,589,514	11,190,372	12,531,403	40	57	72
5	음식업	곱창·양구이전문	13,594,086	16,106,455	20,663,536	89	97	102
6	음식업	생선찜전문	13,472,277	13,801,764	15,606,664	32	43	52
7	음식업	떡볶이전문	8,298,557	11,673,629	15,229,325	88	107	111
8	교육서비스업	태권도·유도·합기도	5,732,135	6,102,608	7,195,618	177	188	210
9	소매업	식료품	13,188,892	17,099,788	20,388,523	509	619	677
10	음식업	민속주점	7,608,549	9,105,130	12,882,850	89	83	76

전라북도

순위	업종		점포당 월평균 매출(원)			점포 수		
			2016년	2017년	2018년	2016년	2017년	2018년
1	생활서비스업	여행사	20,040,411	21,394,697	40,660,657	15	15	17
2	음식업	막창구이	13,156,003	16,328,889	26,253,312	42	42	49
3	음식업	생선찜전문	16,517,870	24,063,032	32,324,819	35	44	59
4	음식업	이자카야	14,736,016	20,175,239	23,806,042	11	12	17
5	음식업	초밥전문	32,408,598	37,224,737	44,504,483	49	62	77
6	음식업	스낵	13,915,873	18,976,096	30,760,753	37	39	36
7	소매업	가구	27,599,857	33,093,386	50,389,808	233	233	228
8	여가서비스업	스크린골프장	15,772,674	15,890,465	21,985,640	110	121	129
9	음식업	떡볶이전문	14,018,461	18,059,553	24,151,600	117	117	125
10	음식업	케이크전문점	4,884,507	6,696,213	8,304,104	14	15	18

강원도

순위	업종		점포당 월평균 매출(원)			점포 수		
			2016년	2017년	2018년	2016년	2017년	2018년
1	음식업	우동전문점	10,108,541	14,388,246	19,688,113	32	34	40
2	음식업	곱창·양구이전문	11,180,072	13,742,065	19,546,294	134	142	148
3	음식업	샌드위치·브런치·샐러드	6,139,881	10,144,479	13,124,200	15	18	21
4	음식업	파전전문	5,171,208	6,287,870	7,555,579	67	68	81
5	음식업	생선찜전문	16,489,999	21,657,755	28,161,930	33	31	34
6	음식업	이자카야	12,158,310	12,338,790	16,012,784	36	40	44
7	음식업	돌솥·비빔밥전문점	11,984,002	14,524,179	19,455,562	21	21	23
8	음식업	불고기전문	15,548,440	23,335,711	29,801,948	24	29	32
9	음식업	떡볶이전문	11,128,792	14,788,545	18,337,319	144	153	173
10	음식업	민속주점	7,261,671	7,813,588	10,306,293	62	70	74

제주특별자치도

순위	업종		점포당 월평균 매출(원)			점포 수		
			2016년	2017년	2018년	2016년	2017년	2018년
1	소매업	건강식품	19,201,462	22,894,316	36,301,657	54	64	71
2	교육서비스업	독서실·장소대여	3,759,216	4,090,950	4,520,987	38	47	71
3	음식업	찐빵·만두	5,014,552	7,497,171	9,795,583	40	42	48
4	여가서비스업	헬스클럽	19,741,121	28,013,621	34,618,355	52	57	66
5	교육서비스업	종합학원	14,797,243	16,508,224	18,835,929	86	104	129
6	음식업	떡볶이전문	11,072,265	15,476,101	17,883,411	42	55	64
7	생활서비스업	세탁소 빨래방	3,504,090	3,920,430	4,478,270	163	191	217
8	음식업	민속주점	8,803,831	11,553,314	14,046,445	15	18	19
9	소매업	주방용품	29,052,676	31,841,993	39,330,470	69	74	74
10	음식업	막창구이	17,397,431	18,500,072	22,967,771	49	54	53

손님이 모이는 디테일

초판 1쇄   2019년 3월 14일
초판 2쇄   2019년 8월 20일

지은이   박지훈 주시태
책임편집   오수영
마케팅   김선미 김혜원

펴낸곳   매경출판㈜
펴낸이   전호림
등록   2003년 4월 24일(No. 2-3759)
주소   (04557) 서울시 중구 충무로 2 (필동1가) 매일경제 별관 2층 매경출판㈜
홈페이지   www.mkbook.co.kr
전화   02)2000-2642(기획편집) 02)2000-2636(마케팅) 02)2000-2606(구입 문의)
팩스   02)2000-2609   **이메일**   publish@mk.co.kr
인쇄 · 제본   ㈜M-print 031)8071-0961
ISBN   979-11-5542-968-6(03320)

이 도서의 국립중앙도서관 출판예정도서목록(CIP)은 서지정보유통지원시스템 홈페이지(http://seoji.nl.go.kr)와
국가자료공동목록시스템(http://www.nl.go.kr/kolisnet)에서 이용하실 수 있습니다.
(CIP제어번호: CIP2019006122)